rororo

rororo

Wenn ich heute auf die ersten zwei Jahre als Single-Mama zurückblicke, entsteht da ein unzusammenhängendes Bild: Ich renne viel, ich mache hektisch Ansagen an die Familie, den Babysitter, die Kollegen und Freunde. Ich esse diese Sandwiches aus Plastikverpackungen, die es früher nur an Tankstellen gab. Und davon sehr viele. Ich vergesse, mir Fahrscheine zu kaufen, muss am Ende wegen Schwarzfahren über 800 Euro zahlen. Manchmal lache oder weine ich aus heiterem Himmel, schimpfe zu oft mit meinen Kindern oder schlafe an meinem freien Vormittag fünf Stunden auf dem Sofa. Souveränität oder Selbstkontrolle habe ich als Multitasking-Superwoman nicht erreicht. Alleinerziehend und im Beruf halbwegs entspannt zu sein bedeutet vor allem, jede Perfektion über Bord zu werfen und die Erwartungshaltung von anderen zu ignorieren. Das weiß ich heute.

Caroline Rosales, geboren 1982 in Bonn, ist Autorin mehrerer Sachbücher, arbeitet als Redakteurin der FUNKE Zentralredaktion in Berlin und ist Kolumnistin der *Berliner Morgenpost*. Sie schreibt hauptsächlich über Kultur- und Gesellschaftsthemen. Mit ihren Beiträgen bei *ZEIT Online* über Prostitution, Mode, Mutterrollen oder Weiblichkeit sorgt die Autorin gerne für Debatten. Mit ihren beiden Kindern lebt sie in Berlin.

Caroline Rosales

SINGLE MOM

Was es wirklich heißt, alleinerziehend zu sein

Rowohlt Taschenbuch Verlag

Originalausgabe
Veröffentlicht im Rowohlt Taschenbuch Verlag,
Reinbek bei Hamburg, August 2018

Redaktion Ulrike Gallwitz
Umschlaggestaltung ZERO Media GmbH, München
Umschlagabbildung JT Vintage/mauritius images
Satz aus der Abril Text (InDesign)
bei Dörlemann Satz, Lemförde
Druck und Bindung CPI books GmbH, Leck, Germany
ISBN 978 3 499 60664 9

Der schlimmste Fehler von Frauen
ist ihr Mangel an Größenwahn.

Irmtraud Morgner

Für Cleo.
Die willensstarke Cleo.

Prolog

Neulich stehe ich mit einem Glas in der Hand auf einer Abendveranstaltung, da quatscht mich ein Typ von der Seite an. Er sei Anwalt im Filmgeschäft, *very important*, bitte, hier seine Businesskarte. Er guckt enttäuscht, als ich sie mir gar nicht ansehe, sondern einfach in meine Handtasche stecke. Man(n) kommt ins Sprechen. Er ist Mitte 40, alleinstehend. Ich habe zwei Kinder und bin alleinerziehend. Er sagt, er ist durch mit Alleinerziehenden.

Das Gespräch droht in die Real-Satire abzugleiten, also frage ich beherzt nach: «Aha, und warum?»

«Weil jedes zweite Treffen wegen Fieber oder Husten abgesagt wird», sagt er.

«Vielleicht ist es nur eine Ausrede», gebe ich etwas spöttisch zu bedenken. «Vielleicht fanden dich die Single Moms ja nicht so gut.»

«Doch», sagt er. «Doch, doch, das glaube ich schon.»

Ich muss laut lachen. Er nicht. Schaut blasiert ins Leere. Unklar bleibt, ob er beleidigt ist.

Alleinerziehend ist oft ein Stigma, eine Schublade, in die man einsortiert wird, ob man will oder nicht, ob man passt oder nicht. Dass dieser Status aber gar nicht so schlimm ist, hat das Bundesfamilienministerium bereits im Jahr 2011 offiziell bestätigt. Laut einer Studie des Ministeriums sehen die 1,6 Millionen Alleinerziehenden in Deutschland – von denen neun von zehn Frauen sind – «ihre Lebenssituation überwiegend positiv». Wurde der Begriff «alleinerziehend» früher noch oft assoziiert mit einer unheilbaren Krankheit, war für manche gleichbedeutend mit «Dschungelcamp»-Zielgruppe, RTL2 und Dosenravioli, musste mittlerweile sogar das Bundesfamilienministerium dank hauseigener Studienergebnisse feststellen, dass mit «gängigen Vorurteilen» aufzuräumen ist. Gut für mich, so weit.

Aber wie bekommen meine Single-Freundinnen mit Kindern und ich es jetzt nur hin, dass auch der Rest der Republik Wind von diesem Paradigmenwechsel bekommt? Wie vermittelt man möglichst allen Teilnehmern auf Tinder und Co., dass alleinerziehende Mütter Dates nicht in der verzweifelten Absicht ausmachen, einen Mann für eine korrekte heterosexuelle, langfristige Paarbeziehung zu finden? Dass es ihnen nicht darum geht, jenen Hans oder Paul kennenzulernen, der die Mutti komplettiert und aus Elend und Einsamkeit befreit? Denn das, so kann ich versichern, klingt auch für uns vermeintlich hoffnungslose Fälle so aufregend wie Laternenbasteln im Kindergarten.

Jetzt also sogar mit staatlichem Studien-Gütesiegel: Alleinerziehende suchen nicht verzweifelter als Frauen ohne Kind nach Mr. Right. Sie wollen ganz einfach wie jede Frau lachen, flirten, über das Leben, die Literatur und die große weite Welt reden. Sie wollen nicht aussortiert werden, nur weil ein Kind mal krank werden kann oder es komplizierter ist. Aber sie wollen auch nicht gleich beim ersten Date gefragt werden, ob sie einen Papa für ihre Kinder brauchen. Und sie wollen ganz sicher niemanden mit ausgeprägtem Helfersyndrom anlocken. Und bitte schon gar nicht den, der sonst niemanden abbekommt, aber sich vor dem Treffen extra ausgerechnet hat, wie der Marktwert einer Alleinerziehenden mit der Anzahl ihrer Kinder proportional sinkt und so seine Chancen erhöht. Das führt dann zu Gesprächen, als würde Donald Trump unterm Tisch sitzen. Nach dem Motto: «Sie ist keine Zehn mehr auf der Attraktivitätsskala, aber ich lasse sie mal kommen.» Glücklicherweise ist die letzte Kategorie die absolute Ausnahme. Die Ausreißer nach unten kommen dennoch vor.

«Warum sollte jemand mit dir zusammen sein, wenn es genug 35-Jährige ohne Kind da draußen gibt, die noch auf den Richtigen warten?», wurde ich tatsächlich mal bei einem Date gefragt.

«Ich glaube, es gibt keinen Grund», antwortete ich. Darauf folgte eine minutenlange Pause. Ich begann in meiner Handtasche nach dem Handy zu kramen. Viel mehr fiel mir nicht ein.

«Oh», rief ich dann plötzlich und tat so, als hätte ich eine SMS bekommen. Die Kinder, das Fieber, der Husten.

«Tut mir leid, ich muss sofort nach Hause», sagte ich. Passiert als Single Mom ja ständig.

Zurück von der Abendveranstaltung, rief ich meinen besten Freund an.

«Kowalski, wach auf. Bitte, ich muss dich was fragen.»

«Rosales, so spät ...»

«Es ist Mitternacht, das ist doch noch nicht zu spät, um anzurufen.»

«Ja, normalerweise nicht, ich war gestern aus, hab rumgesumpft.»

«Okay, also die Frage ...»

«... aber bitte schnell ...»

«Angenommen, ich würde ein Buch schreiben über eine Alleinerziehende, ihr erstes und zweites Jahr ...»

«Also über dich.»

«Ja, also über mich. Irgendwie. Aber ganz anders, als du jetzt denkst. Also angenommen, die Hauptdarstellerin, das wäre schon ich. Wäre sie am Ende der zwei Jahre glücklich, was meinst du?»

«Hmm ...»

«Ja?»

«Ja, weißt du, als wir vorgestern von mir mit dem Taxi in die Paris Bar gefahren sind ...»

«Wir beide auf der Rückbank. Ich mag das Bild.»

«Ja, da hast du gesagt, dass es die zwei traurigsten Jahre, nein, die schrecklichsten Jahre deines Lebens waren, die zwei vergangenen. Aber du hast es so fröhlich gesagt, dass du auch die schönsten Jahre deines Lebens gemeint haben könntest ... Rosales, bist du noch dran?»

«Ja, du hast recht. Das waren sie auch.»

Mein Leben in Kisten

Ich war nicht am Ende – aber ich war auch nie wirklich am Start. Es war Juli, der heißeste Sommertag des Jahres, und ich spielte Tetris. Stapelte in der freien Wohnzimmerecke meines bald ehemaligen Heims mit den bodentiefen Fenstern in Berlin-Pankow Umzugskartons in die Höhe. Ich packte eine Kiste nach der anderen. Zehn Bücher nach unten. Ein Kerzenleuchter in die Mitte. In Zeitungspapier eingewickelte Gläser und Teller nach oben.

Ich konnte das bis um 7.30 Uhr am nächsten Morgen, wenn das Umzugsunternehmen eintreffen sollte, alles gar nicht schaffen, aber Logik war für mich gerade keine gültige Währung. Ich wälzte keinen Felsbrocken vor mir her wie Sisyphus, ich hob mit meinen 1,70 Metern Kartons in zwei Meter Höhe. Die Wand aus Kartons wurde größer und größer. Ich war Superfrau im ausgeleierten T-Shirt und mit Flip-Flops – potenter als Hugh Hefner in den Sechzigern. Die optimierteste Frau ever. Ever, ever.

Vor vier Monaten hatte ich mich von Marius, dem Vater meiner zwei Kinder getrennt. Vielleicht eine Bilanz-Geschichte, vielleicht eine Ansammlung aus vielen Kleinigkeiten, unsinnig, darüber zu sprechen – wir hatten es einfach nicht geschafft, zusammenzuhalten. Dabei sind wir aus demselben Holz gemacht. Zähe, ehrgeizige, unerschrockene Menschen. Das mag ich bis heute an ihm.

Ich habe Marius noch nie jammern hören. Selbst nach den schwersten Krisen und Ärgernissen in den vergangenen fünf Jahren als Eltern war er gut gelaunt. Marius ist groß, hat sehr blondes volles Haar. Als ich ihn kennenlernte, trug er eine rot karierte Jacke und eine dieser Nerd-Brillen, die damals im Jahr 2009 hipp waren. Er machte mir den Hof, ging mit mir auf weite Reisen und öffnete mir sofort sein Heim. Vier Monate nach unserem Kennenlernen zog ich bei ihm ein. Da hatte er schon sein ganzes Badezimmer und seine Küche mit meinen Lieblingssachen bestückt. Kosmetik und Orangen. Himmel, ich liebe Orangen. Er hatte gleich zehn Kilo auf Vorrat gekauft. Er war immer sehr großzügig mit mir, warmherzig und lustig. Dann wurde ich schwanger, und der Ton zwischen uns änderte sich sehr schnell. Nachdem Max geboren war, schien mir Marius nicht mehr derselbe Mensch zu sein. Er war im Gegenzug traurig, dass ich mich die ganze Zeit beschwerte. So schnell hatten wir zueinandergefunden, so schnell erkannten wir allerdings auch, dass wir keine gemeinsame Idee vom Leben hatten. Wir gaben nicht auf, wollten eine Familie sein – im Jahr 2014 kam dann Lila auf die Welt. Mehr Glück, aber auch mehr zerbrochenes Porzellan.

Zwei Jahre später suchte sich Marius eine eigene Wohnung, und ich hielt das für eine gute Idee. Weil ich unglücklich war und mir selbst nicht mehr gefiel, mir lästig geworden war –

auch als Abbild der vermeintlich perfekten Mutter. Denn nicht nur hatte mein Kinderwagen in den vergangenen vier Jahren immer das richtige Label gehabt, auch in meinem Kopf hatte immer die gerade angesagte Einstellung zu Mutterschaft, Erziehung und Lebensführung vorgeherrscht. Dafür war eine Gehirnwäsche gar nicht nötig gewesen, eine leichte Spülung hatte völlig ausgereicht. Ich hatte mir einiges abgeschaut und angelesen und war der Überzeugung, immer das Richtige und das Beste zu tun. Als Mutter, als Frau, als Angetraute und als Freundin. Ich spielte meinen Part als jedermanns Liebling wie im Schlaf. Ich entwarf und optimierte Einkaufslisten, putzte Kindernasen, noch bevor sie liefen, erinnerte mich an Schwiegermutters Geburtstag, kannte den Allergieplan der Kinder auswendig, kaufte säurearm und bio ein, applaudierte bei jeder Beförderung des Mannes, erinnerte Verwandte daran, zum Arzt zu gehen, und wusste immer, wann die Q-tips-Box leer war und wo der verlorene Schlüssel steckte. Ach ja, und nebenbei schrieb ich noch das ein oder andere Sachbuch zum Thema Karriere- und Familienplanung. Darüber, wie großartig alles so lief.

Was soll ich sagen: Innerhalb kürzester Zeit war ich von einer Redakteurin bei einer großen Zeitung zu einem hübschen Abziehbild einer Großstadt-Mama geworden, die ihre Festanstellung gekündigt hatte, um sich neuen Aufgaben zu widmen: der Vollzeit-Mutterschaft.

Und weil das alles so schnell ging, scheint es mir im Rückblick so, als wäre ich eines Tages aufgewacht und hätte mit einem Mal einen Mann, zwei Kinder und eine große Wohnung im Herzen Berlins gehabt. Plötzlich war ich Anfang 30, Mutter von

Max und Lila und Marius' *lovely wife*. Darf ich mich vorstellen: Caroline Rosales, Hausfrau mit Studienabschluss.

Genau die packte also hier und heute, sechs Jahre nachdem sie den Vater ihrer Kinder kennengelernt hatte, alleine Kartons, weil ihr irgendwann auf dem gemeinsamen Weg der Kragen geplatzt war. Ebenjene, die trotzdem immer noch alles besser wusste und der Hilfe anzunehmen unangenehm war.

Ich war bei Umzugskiste Nummer 24 angekommen. Das Raclette-Gerät mit den Pfännchen und den Holzschabern. Umhüllt von Küchentüchern. Darauf stapelte ich noch drei Bücher, darunter Albert Camus' «L'exil et le royaume». Und ein paar angestaubte Martini-Gläser. Mein ganzes Leben in Kisten. Ein Umzug weckt den ganzen Gemischtwarenladen der Erinnerungen. Von Schulzeit über Studium, große Erwartungen, berufliche Erfolge bis hin zu Kindern und nun: gescheiterter Familienführung.

Ich schloss den Karton und ließ mich auf die Couch fallen, die da noch einsam wie ein Monolith mitten im Wohnzimmer stand. Nur ein Moment Ruhe. Ich schloss die Augen. Ich war unendlich isoliert und hatte das Gefühl, selbst schuld daran zu sein.

Ich griff zum nächsten Karton, als ich aus dem Kinderzimmer einen lauten Knall und den dazugehörigen Schrei meiner zweijährigen Tochter hörte.

«Mann», rief ich durch die halbleere Wohnung und hastete ins Kinderzimmer. Lila stand mitten im Raum und hielt ihren Zeigefinger in die Höhe.

«Sssranktür auf meinen Finga.» Zwei dicke Tränen rollten meinem Mädchen die roten Bäckchen hinunter.

Ich schimpfte gleich los: «Dann pass besser auf. Außerdem hast du keine Schuhe an. Gleich stößt du dich!» Während ich mich ein weiteres Mal in ihre kleinen dicken Füße verliebte, die jetzt in ein Paar rosa Ballerinas schlüpften, blickte ich mich um. Das Kinderzimmer war schon halb leer, irgendwie ein Lichtblick.

Wieder hörte ich einen lauten Knall gleich neben mir. Mein Großer war dabei, Kinderbücher in einen leeren Karton zu hauen. Der Knall hallte durch das Zimmer.

«Könntest du die Bücher bitte nicht werfen, Max?! Die kosten Geld. Danke!», sagte ich gereizt.

Max rollte mit den Augen. «Aber Mama, unsere Arme sind zu kurz. Wir können die Bücher nicht leise in den Karton legen. Wir kommen nicht bis zum Boden.»

Touché! Ein Lachen entfuhr mir durch meinen geschlossenen Mund.

Ich schnappte mir Max, drückte ihn, wiegte ihn hin und her. Weil ich mich ganz plötzlich daran erinnerte, wie sehr ich auch ihn liebte, das Baby, das er einmal war, und den kleinen Jungen, der er heute ist.

«Mama», beschwerte er sich. Ich ließ ihn runter und sah ihm zu, wie er zu seinen Playmobil-Piraten zurücklief, wie er sie liebevoll in einen der Kartons legte.

Wie konnte ich ihm das bloß antun? Mich von seinem Papa zu trennen.

Für Außenstehende sah mein Leben sicher perfekt aus, für mich stellte sich das allerdings anders dar. Meine Tage waren – auch ohne Bürojob oder berufliche Tätigkeit – durchgetaktet. Sich selbst Stress zu machen, schafft man ja am besten allein.

Und weil ich alles autonom organisierte, besorgte und machte, war ich auch mein einziger Boss. Marius in den Alltag einzubeziehen, hätte – da war ich mir sicher – nur zu Terminproblemen und Organisationschaos geführt, und noch mehr Stress wollte ich schließlich nicht haben. Anfangs hatte es immerhin noch zarte Ansätze der Kooperation gegeben. Mal hatte ER den Großen vom Kindergarten abgeholt und auch mal einen Samstagnachmittag aufgepasst, als ich ein Seminar gebucht hatte. Doch mit meinem angeborenen Perfektionismus stand ich uns beiden im Weg. So gab es Streit beim abendlichen Zusammentreffen, weil Biogemüse XY nicht vorschriftsgemäß verkocht worden war, Gezanke, weil er an meinem Geburtstag abends noch eine Dienstbesprechung hatte. Irgendwann machte ich zu Hause alles nur noch alleine, es schien mir mit weniger Auseinandersetzung verbunden.

Dass ich tagsüber mit den Kindern alleine war, nahm ich als gegeben hin, irgendwie war es in Personalunion ja auch am einfachsten. Meine Tochter stillte ich weit über ihr erstes Jahr hinaus – sie war völlig auf mich fixiert. Wer, außer mir, hätte sich also tagsüber um die beiden kümmern können? Ich war schließlich ihre stolze Mama.

Die vergangenen Jahre stand ich täglich spätestens um sieben Uhr auf, zog die zwei Kinder an, wechselte Windeln, kochte Haferbrei mit Banane und Rosinen und abends dann Broccoli mit Fisch. Ich setzte mich auf wechselnde Spielplätze, weil mein Sohn Max mit zweieinhalb Jahren noch keinen Kindergarten besuchte. Man soll sie ja möglichst lang zu Hause behalten, hatte der Pädagoge des von mir konsultierten Ratgebers geschrieben. Lila war noch ein Baby, und frische Luft tat beiden so gut. Es machte mir nichts aus, die Mittagsschlafzeiten von Baby und Kleinkind zu koordinieren, alles war ja irgendwie im Flow. Das Wort «Flow» benutzte ich übrigens auch, wenn sich Freunde und Verwandte erkundigten, wie es mir ging.

Ich war so patent, so bemüht, dass in meinen Augen mindestens das Bundesverdienstkreuz fällig gewesen wäre, stattdessen wurde ich immer unzufriedener. Genervt, dass ich am Ende des Tages nie das geschafft hatte, was ich wollte, und die Liste der unerledigten Dinge länger und länger wurde. Dass andere Mütter es noch entspannter und unaufgeregter hinkriegten und, vor allem: dass sie so viel glücklicher schienen als ich, die nüchtern betrachtet alles hatte. Gesunde Kinder, ein gesichertes Leben. Wieso konnte ich mich nicht einfach zufriedengeben?, fragte und mahnte ich mich immer öfter.

Papa Marius kam erst spätabends nach Hause, dann hatte ich schon die Küche aufgeräumt und geputzt, dass die Cerankochfelder nur so glänzten, die Kinder gebadet und ins Bett gebracht. Ab und zu gingen wir aus, Marius und ich. Doch die Abende beim Italiener oder bei Freunden waren konversationstechnisch mit der Zeit so platt wie das Straßenpflaster geworden. Hauptsächlich aus dem Grund, weil ich weder etwas zu erzählen hatte noch Interesse für etwas anderes als meinen Kinder-Mikrokosmos aufbringen konnte. Wo hatte ich nur meinen Esprit gelassen? Die Lust, mich gut anzuziehen? Ich kannte nur noch meine blaue Wollstrickjacke und vielleicht noch eine Bluse. Auch die Kunst der Tisch-Unterhaltung, die ich einst beherrschte, war meiner bleiernen Müdigkeit und zunehmenden Bräsigkeit gewichen.

Mir fiel zu meiner großen Enttäuschung sogar auf, dass immer weniger Menschen auf Geburtstagen oder bei gemeinsamen Essen mit mir reden wollten – es sei denn, es ging um Kinder. Ich war auf gut Deutsch irgendwie raus und wirklich auch ziemlich unglücklich. Ich gab mir die Schuld, wo eigentlich zwei beteiligt waren. Und natürlich gab es die Aussprachen, die fünfeinhalb Stunden Paar-Therapie, das Es-besser-machen-Wollen. Doch all das führte am Ende dazu, dass ich mich mehr und mehr isolierte. Meine Kinder bedeuteten puren Frohsinn, unschuldiges Glück, die Partnerschaft trug ich mit, bis sie mir zu schwer wurde.

Vor zwei Monaten war Marius dann schließlich ausgezogen. Ein Punkt dahinter. Und ja, es war mein Fehler, Konsequenz dieser jahrelangen Konzentration auf die Kinder und mich, dass ich am Tag des Umzugs keine Nachbarin, keine Freundin, nicht einmal meine Mutter um Hilfe gebeten hatte. Auch meine Schwester wäre sofort gekommen, hätte ich nur gefragt und mir selbst eingestehen können, dass das hier kein Ein-Personen-Stück werden konnte. Dass eine Trennung von dem Mann und Vater meiner zwei kleinen Kinder kein Spaziergang werden würde. Es war alles so chaotisch, traurig und verkorkst. Wie war ich nur auf die Idee gekommen, wieder mit dem Kopf durch die Wand zu wollen? Ich gegen den Rest der Welt – ganz ohne Not.

Warum neigen Frauen gerade in ihrer Rolle als Mütter dazu, so wenig unterstützende Hände wie möglich zulassen zu wollen? Weil wir es uns selbst beweisen wollen? Weil wir denken, dass es unsere Pflicht ist, Kompetenz in allen Lebenslagen zu demonstrieren? In meiner frühen Erinnerung spielen die Jungs im Kindergarten in der Bauecke, die Mädchen, meine

Freundinnen und ich, wickeln in der Puppenstube einen Raum weiter. Wenn es Ärger gab, hatten die Jungs Quatsch gemacht, wir Mädchen fielen selten auf, weil man beim Pony-Kämmen und Blümchen-Gießen wenig falsch machen konnte. Natürlich lernten wir später, diese Rollenklischees zu hinterfragen. Für die frühe Prägung kam das allerdings zu spät. So kümmern sich viele Frauen meiner und angrenzender Generationen, ob berufstätig oder nicht, mit einer unbeschwerten Fröhlichkeit praktisch alleine um die Kinder – und mehr noch, sie übernehmen die komplette Familienorganisation. Denk an die Zahnpasta, aber auch an den Impftermin. Setz dich an die Steuererklärung, plane den Kindergeburtstag – und denk dran, den Papa zu erinnern, dass in zwei Wochen Herbstfest in der Schule ist, damit er sich freinimmt. In Deutschland gehen Männer und Frauen als modernes Paar in den Kreißsaal hinein und kommen als Fünfziger-Jahre-Paar wieder heraus, hat der Schriftsteller Jakob Hein einmal gesagt. Das trifft auf meine Beziehung exakt zu, dabei hatten wir eigentlich – so dachte ich zumindest – die besten Voraussetzungen, es genau so nicht zu machen.

In meiner Beziehung mit Marius aber hat sich dieses Ungleichgewicht schneller eingestellt, als ich bis drei zählen konnte. Ach ja, apropos zählen, da war die Frage nicht weit: Möchtest du Elternsprecherin werden? Du hast es doch so mit Zahlen. Schließlich hast du ja mal BWL studiert.

Mein persönlicher Tiefpunkt war, als mir in meiner Funktion als Elternsprecherin eine Mama aus dem Kindergarten erklärte, dass der Joghurt, den unsere Kids zum Vesper bekamen, laut chinesischer Ernährungslehre eine kalte Speise sei und ob man nicht lieber auf «warmen» Tofu-Joghurt umsteigen sollte. Ob ich dazu eine kurze Mail für den Elternabend verfassen könnte. Ich dachte kurz darüber nach, wie ich der Mutter die Flasche Rotbäckchen-Saft aus meinem Einkaufswagen über den Kopf ziehen könnte, damit sie endlich schwieg, lächelte aber nur mit der Oberlippe.

Anstatt jedoch etwas zu ändern, zog ich dieses Leben durch. Wenn man es allerdings übertreibt, so wie ich es getan habe, wird irgendwann nicht nur der Vater, sondern auch die Nachbarin, die Kuchen vorbeibringt und zum Plausch bleibt, zu einer Störung im alltäglichen Routine-System. Die Kinder sind begeistert, essen den Kuchen, werfen in der Küche die Krümel durch die Luft, drehen noch mal voll auf, essen kein Abendbrot, sind nicht vor halb zehn im Bett. Und während die Nachbarin redete, zählte ich meine verbleibenden Soll-Schlafstunden rückwärts. Die Folge: Ich versuchte, noch konsequenter alles alleine zu machen – was schon Burnout-Warnstufe zwei bis drei entspricht.

So erinnere ich mich, stellvertretend für viele andere, an eine Situation, in der Marius und ich nachts wach im Bett lagen.

«Oh, nein, die Waschmaschine muss noch ausgeräumt werden», schreckte ich auf.

«Vergiss es, Caro, mach es morgen», seufzte Marius nur.

Wortlos stand ich also auf, um alleine die Wäsche aufzuhängen, anstatt zu protestieren und auf seiner Mithilfe zu bestehen. Ihn zu einem kompetenten Komplizen meiner Organisation zu machen. Ähnlich ist es jetzt beim Umzug gelaufen. Wir sind getrennt, trotzdem ist es unsere Wohnung. Warum habe ich nicht darauf bestanden, dass er seine Geschäftsreise absagt, um unsere Sachen in Kartons zu packen? Warum habe ich die

Maler organisiert, übernehme die Übergabe an die Hausverwaltung, begleite den Hausmeister zum Stromablesen in den Keller?

Im Grunde ist es wie der Ruf aus der Küche, ob er schon mal den Tisch decken könne, auf den hin er zurückruft: «In fünf Minuten.» Ihm (und das gilt wohl für viele Partner in Beziehungen) fehlte einfach der Gesamtüberblick, den er sich auf der einen Seite nie verschafft hatte, den ich ihm aber auch zu selten gewährte.

Und so hatte ich nun ein Worst-Case-Szenario erreicht: Ich organisierte und führte einen Vier-Personen-Umzug alleine durch.

Mein Handy surrte. Es war meine Mutter. Schon das Surren des Telefons klang so streng und scharf, als würde die erste Prüfung des Schicksals nahen. Am Abend zuvor hatte ich ihr gesagt, dass sie heute nicht zum Helfen kommen müsse. Ich riss mich zusammen und ging ran.

«Hallo, wie geht es dir? Ich wollte mal hören, ob du vorankommst?», fragte sie mit liebevoller Stimme.

«Ja, alles super», sagte ich. Ich wollte versuchen, freundlich zu bleiben, war aber genervt. Ich hatte schon beim Rangehen das Gefühl, dass sie mir nur wertvolle Zeit stehlen würde.

«Ich habe gerade einen großen Topf gefüllte Paprika gekocht, ich könnte ihn vorbeibringen ...»

Sie gibt nie auf, dachte ich. Ihre Liebe zu mir war unerschöpflich. Und ich ging trotzdem unfair mit ihr um.

«Mama, du weißt doch, ich esse seit einer Weile schon kein Fleisch ...»

«Ja, und die Kinder?», fragte sie weiter.

Sie tat mir leid. Und also gab ich nach. Auch weil ich realistisch betrachtet nun wirklich heute Abend nicht auch noch kochen konnte und es sonst nur Mirácoli gäbe mit dem Käse, der nach Kotze riecht.

«Gut, Mama. Komm vorbei», sagte ich bestimmt.

«Schön, ich mache mich in einer halben Stunde auf den Weg.» Meiner Mutter war die Freude in ihrer Stimme anzumerken. Wir legten beide erleichtert auf.

Ich setzte mich zu Max, der immer noch seine Playmobil-Piraten einsortierte.

«Wollen wir Papa nächste Woche besuchen?», fragte ich ihn sanft.

«Müssen Mamas und Papas nicht zusammenwohnen?», antwortete er schlagfertig.

Die Frage kam unvermittelt, Krallen bohrten sich in mein Herz. Ich seufzte unhörbar in mich hinein.

«Nein», sagte ich fest. «Das ist Blödsinn. Weißt du, Maxi, es gibt viele Lebensformen. Manchmal wohnen Papa und Mama zusammen. Manchmal aber auch nicht und sie besuchen sich. Manche Kinder haben zwei Mamas, manche gar keinen Papa, manche zwei Papas und keine Mama.»

Max blickte nicht hoch. Ich sah seine Augen nicht, nur seine wuscheligen blonden Haare. Wahrscheinlich interessierte ihn das Thema schon wieder nicht mehr.

«Aber, ich verstehe sehr gut, dass du traurig bist», nervte ich ihn weiter. «Außerdem haben wir jetzt zwei Wohnungen, das ist doch auch cool.»

Max blickte immer noch nicht hoch. Ich streichelte seinen Rücken.

«Maxi? Das wird richtig schön in unserer neuen Wohnung. Du bekommst ein Hochbett.»

Ein Lächeln huschte über seinen süßen Kindermund. Mir fiel ein Stein vom Herzen, und gleichzeitig fühlte ich mich schlecht, ihn bestochen zu haben.

Armer Max. Nicht nur, dass seine Eltern sich trennten, nein, er hing auch noch den ganzen Tag in der Bude. Am heißesten Tag des Jahres. Mit seiner neurotischen Mutter. Ich fasste mir ein Herz. Klappte gerade eh nicht, mit zwei kleinen Kindern effizient zu packen. Würde wohl eine Nachtschicht werden.

«Wollen wir in den Park gehen und ein Eis essen?», fragte ich die beiden.

«Jaaaa», schallte es zurück. Max rannte vor durch den schon leeren Flur, Lila tapste ihrem großen Bruder aus echter Ergebenheit hinterher.

«Halt», rief ich, als sie zur Tür hinauswollten.

«Mama», mahnte mich Max.

«Okay, okay, meinetwegen ohne Schuhe ...», gab ich seinem Einwand statt.

Zehn Minuten später saßen wir auf einer Parkbank, und den beiden lief das Wassereis die Arme runter. Hätte ich es nicht besser gewusst, wäre ich auf den Gedanken gekommen, dass heute ein ganz schöner Tag war. Ab jetzt also alleinerziehend. Tag eins als Single Mom.

Wann wurden wir, wie wir nie sein wollten?

«Hallo, entschuldige. Ich glaube, das ist unsere Schaufel, die gelbe.»

Ich schaute von meiner Zeitung auf.

«Ja, sicher? Wir sind eigentlich auch mit einer gelben gekommen.»

«Nein, aber das ist unsere gelbe Schaufel. Wir gehen nämlich jetzt.»

«Ah, okay.»

«Darf ich mal?»

«Ich weiß nicht, meine Tochter hat sie gerade im Mund.»

Die Mutter bückte sich zu Lila und griff nach der Schaufel.

«Darf ich mal die Schaufel, junge Dame? Daaanke.»

«Also ...»

«Ja, wusste ich es doch.»

Die Mutter zeigte auf ein laminiertes Namensschild in der Innenseite der Schaufel. Da stand: Leander Müller.

Ich nickte. «Ja, dann ist der Fall wohl klar.»

Die Mutter ging wortlos weg, und ich las weiter Zeitung.

Es war ein Sonntag auf dem Spielplatz in der Nähe unserer gemeinsamen Wohnung gewesen, als ich begonnen hatte, die Trennung von Marius auch wirklich als Chance für mich zu verstehen, als ich realisierte, dass zu verlieren auch etwas Befreiendes hatte.

Ich war im Gegensatz zu meinen immer patent und perfekt wirkenden Nachbarinnen nie die makellose Mutter gewesen. Aber jetzt, wo sich auch noch meine Ehe im Eimerchen befand, musste ich mich gar nicht mehr mit ihnen messen.

Vier Jahre lang hatte ich nicht gearbeitet, freiwillig, obwohl ich meinen Job liebte. Als ich Marius das erste Mal begegnete, lebte ich in einer Kreuzberger Altbauwohnung, die ich mir mit meinem heute besten Freund Kowalski teilte. Er machte Musik, und ich hatte mir meinen Klein-Mädchen-Traum erfüllt. Ich konnte von meinem Schreiben leben – und obendrauf sogar noch mein Studium alleine bezahlen. Aufgrund von Studiengebühren und den alltäglichen Kosten lebte ich bescheiden, aber es war möglich. Ich kaufte immer die billigste Zahnpasta, zahlte weniger als 500 Euro Miete und ging höchstens einmal alle zwei Monate in ein Restaurant. Dafür leistete ich mir einmal im Jahr einen Flug nach Indien oder China, wo ich dann low budget mit einem Rucksack herumreiste und fotografierte, um mich wie Helge Timmerberg oder Tiziano Terzani zu fühlen.

Einmal war ich sogar durch ein sechswöchiges Stipendium der Berliner Humboldt Universität nach Afghanistan gekommen. Wegen der prekären Sicherheitslage im Land hatte sich keiner getraut, das Stipendium anzunehmen, also waren noch viele Plätze frei gewesen, und ich hatte mich nur bewerben müssen, um mitzukommen. Ich schrieb Reportagen und fühlte mich wie frisch verknallt, wenn ich mir morgens am Kiosk die Ausgabe holte, in der meine Texte abgedruckt waren. Ich wollte nur schreiben und reisen, das reichte mir zum Glück.

Ich habe sehr hart dafür gearbeitet, um in meinem Traumberuf arbeiten zu können. Dass ich Journalistin werden wollte, war mir schon immer klar. Mit elf Jahren gab ich ein kleines Magazin heraus. Ich tippte die Artikel mit Zwei-Finger-Suchsystem am Computer meines Vaters und druckte sie aus. In einer Zeit, in der es noch Disketten und rauschende Internet-Router gab. Die Illustrationen für mein Magazin malte ich mit Buntstiften dazu. Das Heft hieß die «Kangopost», weil die Hauptfigur ein Känguru war. Die einzige Abonnentin der «Kangopost» war meine Schwester, die mir 50 Pfennig pro Ausgabe zahlte. Später kamen auch ihre zwei Freundinnen als zahlende Kundinnen dazu.

Kurz vor dem Abitur schloss ich mich der Schülerzeitung an. Und auch wenn niemand mir Mut machte, dass man mit Schreiben wirklich Geld verdienen könnte, ließ ich nicht locker.

«Nur die Allerbesten können da auf eine Chance hoffen, und schau mal, Caro, du hast nur eine Zwei in Deutsch», sagte meine Lehrerin damals in der Oberstufe meines Gymnasiums in Bonn. Leider wusste ich nicht, dass sie Blech redete. Ich machte ein Praktikum bei der Lokalzeitung in Bonn, schrieb kleine Meldungen und später längere Geschichten. Schnell fühlte ich mich wie Karla Kolumna, die rasende Reporterin aus «Benjamin Blümchen», und verdiente sogar Geld. Ich war angefixt von dieser schnelllebigen Welt, dem Redaktionsalltag, den Deadlines, der Anspannung, immer neue Ideen und Artikel liefern zu müssen, den ständig fluchenden, rauchenden Journalisten-Kollegen, die mehr Humor, Zynismus, aber auch Leichtigkeit hatten als alle meine Freunde zusammen. Ich wollte Teil dieser verrückten und wichtigen Welt sein und nie wieder gehen.

Nach der Schule zog ich nach Hamburg, für mich damals die große Medienstadt, volontierte dort zwei Jahre bei einer Zeitung, ging nach Berlin als Redakteurin, begann parallel ein Studium der Sinologie – und hier wurde es richtig bunt. Fünf Tageszeitungen erschienen jeden Tag, der Druck war enorm, alles war – im Gegensatz zum kühlen und eleganten Hamburg – schrill und voller Blitzlichter. Ich war damals 25 Jahre alt, mein erster großer Auftrag war die Berlinale-Berichterstattung für zwei Zeitungen. In meinem einzigen schwarzen Kleid und furchtbar unbequemen Schuhen stand ich auf Sektempfängen rum und sollte Leute wie Harvey Keitel und Isabelle Huppert anquatschen. Es waren echte Mutproben.

Als ich Marius kennenlernte, drei Jahre später, war ich mit meinem Studium fertig, das ich nebenbei durchgezogen hatte, und arbeitete als Redakteurin für Landespolitik in Berlin. Nach unserem ersten Gespräch in einer Bar wussten wir, dass Marius und ich zwei Dinge gemeinsam hatten: Wir besaßen beide keinen Führerschein und liebten das Reisen. Ich überredete ihn zu Rucksack-Touren, zum Campen. Ich zog zu ihm, wir schmissen Partys in unserer Wohnung in Berlin-Mitte. Als ich ein Jahr nach unserem Kennenlernen den positiven Schwangerschaftstest in der Hand hielt, waren wir gerade in Peking, und das große Googeln ging los, weil wir nicht einmal wussten, was man eigentlich so tut, wenn man schwanger ist.

Zurück in Berlin sah ich aus Fernweh viele Filme, Marius rauchte abends gemütlich auf der Couch bei offenem Fenster Zigaretten.

«Sag mal, spinnst du eigentlich», schnauzte ihn irgendwann unsere Nachbarin an, die gerade den ausgeliehenen Mixer zurückbrachte. «Das finde ich aber nicht gut.»

Marius und ich waren perplex.

«Was meinst du denn?», fragte ich die Nachbarin.

«Na, er raucht vor dir, und du bist schwanger. Passivrauchen ist für Schwangere gefährlich.»

«Oh, wusste ich doch nicht», antwortete ich erschrocken.

Marius rauchte fortan voller Schuldgefühle auf dem Balkon, und so langsam wurde mir meine Situation bewusst. Ich realisierte, dass unsere Wohnung auf Dauer viel zu klein war, und so mieteten wir eine größere in Prenzlauer Berg.

Zeitgleich erhielt ich eine Zusage für einen Job beim Entwicklungsministerium, auf den ich mich vor meiner Schwangerschaft beworben hatte. Der Job in der Pressestelle mit super Aufstiegschancen sollte in einem Monat beginnen, genauer gesagt sollte er in Afrika beginnen – in einem abgelegenen Teil von Mali. Trotz Schwangerschaft dachte ich tatsächlich zuerst: Kein Problem, das nächste Abenteuer ruft! Drei Anrufe später war klar, dass sie keine schwangeren Frauen in ein Malaria-Gebiet entsenden. Eine Job-Alternative in Berlin war zu dem Zeitpunkt nicht vakant, und ich war natürlich furchtbar enttäuscht.

Ich freute mich riesig darauf, Mutter zu werden, kaum fünf Minuten am Tag vergingen, an denen ich nicht an das Kind in meinem Bauch dachte – und trotzdem: Ich hätte gerne beides gehabt. Das Kind und den Job. Immerhin wäre es der erste Job gewesen, in dem ich alles hätte anwenden können, wofür ich vier Jahre studiert hatte. Regionalwissenschaften, Afrikastudien, Politik. Schwamm drüber, schließlich hatte ich noch den Job bei der Zeitung, versuchte ich mich damals zu beruhigen.

Sicher waren in meinem Fall die Gründe, die gegen eine Anstellung in Afrika sprachen, mehr als plausibel, dennoch gibt es etliche Fälle, allein in meinem Bekanntenkreis schon Dutzende, in denen mit der Geburt des Kindes der berufliche Aufstieg der Mütter ein vorläufiges Ende fand – ein Zustand, der oft bis heute andauert.

Und so fügte auch ich mich bald den Konventionen, trug nach Maximes Geburt nachträglich zwölf Monate Elternzeit in das Formular der Personalabteilung im Verlag ein und richtete mich in meinem neuen Leben als Hausfrau ein. Die neue große Wohnung, der fehlende Job, das Baby auf dem Arm: Das sind wohl die Antworten darauf, wie schnell aus einem lustigen jungen Paar eines dieser besagten Fünfziger-Jahre-Ehepaare wird. Marius und ich waren jedenfalls zielsicher dort gelandet. Wir luden noch hin und wieder Freunde zum Essen ein, aber es war nicht mehr entspannt für mich, wenn das Baby nicht schlafen konnte. Mein Platz war nicht mehr im Berliner Abgeordnetenhaus, sondern auf der sandigen Bank eines Spielplatzes unweit von unserer Wohnung.

Und so kam es, dass ich zu einer Stadt-Mama wurde, die im Herzen Berlins, in einem wundersamen Viertel namens Prenzlauer Berg lebte. Der Name Prenzlauer Berg ist hier wohl beliebig gegen Hamburg-Eppendorf, Stuttgart-West, das Münchner Glockenbachviertel oder Köln-Hürth austauschbar. Es sind die Stadtviertel in deutschen Großstädten voller mittelständiger, gut gebildeter Menschen, in denen eine Mafia von ungefähr hundert Müttern das Sagen hat und den Ton angibt. Und werden ihre Kinder einmal groß, geben sie das Erbe, die Schaufel im Arsch der Gesellschaft zu sein, an die jüngere, zum ersten Mal hochschwangere Generation weiter. Sie treten oft in Gruppen auf, ihre Kleinkinder tragen die Marken Bobo Choses, Mini Rodini und Petit Bateau, ihre Lastenfahrräder sind teurer als Kleinwagen, gefüllt mit einer halben Tonne Sandspielzeug, Sonnenmilch, Apfelschnitze und Wassermelone in Tupperdosen, getrockneten Mangos, angekauten Körnerbrötchen. Ab Nachmittag 45 auf dem Spielplatz kennt man ihre Namen, die Doppelnamen ihrer Kinder und deren geistige und körperliche Entstehung. Dort auf der immer selben Parkbank, auf der man von der deutschen Gesellschaftsnorm dazu verdammt ist, zwischen glockenhellem Kinderlachen und rosigen Pausbäckchen Sprechreim singend, Windel wechselnd, Wespen wegwedelnd und Blödsinn über Blähungen, Bäuerchen und Breisorten quatschend seine Elternzeit abzusitzen. Dann dem neun Monate jungen Baby das Eimerchen zu reichen und dabei auszusehen, als wäre man die glücklichste Preiskuh unter der Sonne.

Mütter mit Schokokeksen von Aldi oder Apfelsaft in der Nuckelflasche werden von den lokalen Aufseher-Mamas gepflegt ignoriert oder im Gespräch mit derselben Hinterfotzigkeit wie früher zu Zeiten von Mädchencliquen auf einem Pausenhof geschnitten. Rohrzucker, Plastikspielzeug, Marlboro-Lights, Schokoriegel und leider auch Väter gehören hier nicht ins Landschaftsbild – Letztere müssen nämlich in ihrer Praxis, ihrem Institut, ihrer Agentur arbeiten. Es lebe die totale Retraditionalisierung der Rollenbilder.

Die Mütter um mich herum waren patent und hilfsbereit, hatten immer eine ganze Packung Feuchttücher dabei, die sie unaufgefordert lächelnd anboten, wenn ich meinen Ärmel benutzte, um meinem Sohn die Nase zu putzen. Sie waren unheimlich gut organisiert und hatten so viel euphorische Freude an ihren Kleinen.

Neben ihrem Ehrgeiz und natürlichem Talent in der Mutterrolle fühlte ich mich oft wie eine absolute Versagerin. Als bei meinem Sohn Max mit einem Jahr eine schwere Nussallergie diagnostiziert wurde und wir fortan nie ohne Notfallset inklusive sogenannten Adrenalin-Pens das Haus verlassen durften, war der Schalter der betroffen dreinschauenden Hobby-Naturheilkundlerinnen auf dem Spielplatz für mich dauergeöffnet.

«Wirklich?», fragte die Leni-Mutter besorgt, «da muss man doch was machen können.»

«Da gibt es bestimmt etwas Homöopathisches», war sich die Bruno-Mutter sicher.

«Wie schrecklich», die Lea-Mutter war so ergriffen, dass ihr fast die Tränen kamen, und vor meinem Sohn sagte sie: «Dann darf er ja gar nichts essen! Darf er denn dann diese Dinkelkekse? Ach nee, auch nicht. Da sind ja Spuren von Nüssen drin.»

Vielleicht hatte ich auch etwas falsch gemacht, mich in der Schwangerschaft einseitig ernährt, ein zu nervöses Naturell oder die falsche Beikost gekocht. War alles möglich.

Und ging es nicht um die Nussallergie, dann eben um Langzeitstillen, ums Windelfreisein von Geburt an, um den nächsten Flohmarkt, den Wettstreit um den besten Kindergarten. Mütter sollten sein: am besten Hausfrau aus Leidenschaft. Kinder sollten werden: am besten Ärzte oder Rockstars.

Das Schlimmste an dieser Situation war für mich das schlechte Gewissen und die Konkurrenz, die sich die Mütter gegenseitig machten, als ob das Kind zum Ersatz-Job geworden wäre. Wir befanden uns doch alle in der gleichen Situation, warum konnten wir nicht solidarischer miteinander sein? Warum musste man immer applaudieren, wenn Klein Anton etwas besser konnte als das eigene Kind, und durfte nicht einmal laut «Scheiße» sagen, weil das eigene hinterherhinkte? Stattdessen verharren Mütter oft völlig unbewusst in einem ständigen passiv-aggressiven Wettstreit, wer das bessere Essen kocht, wer die hochbegabteren Kinder hat. Der Begriff «Mommy Wars» trifft diese spezielle Art des gegenseitigen Eltern-Disses mit gleichzeitiger Selbsterhöhung gut, wie ich finde.

Als Max drei Jahre alt wurde und Lila ein halbes Jahr, zogen wir an den Stadtrand, und ich hoffte, dass ich dort auf eine entspanntere Nachbarschaft treffen würde. Aber auch die Vorstadt-Idylle hatte ihre Tücken. Da blickte ich nun von der Terrasse unserer Mietwohnung auf alleinstehende Häuser mit riesigen Gärten. Die Mütter hier waren Staatsanwältinnen, PR-Beraterinnen oder Ärztinnen, aber immer auch Mütter von drei Kindern plus. Sie waren nett, herzlich, machten nachmittags nach dem Kinderladen Cappuccini, so viele ihre Espresso-Dampfdruckmaschine hergab, während unsere Kinder jauchzend im Garten Fußball spielten. Sie redeten mit mir nicht nur über den besten Familienurlaub, sondern auch darüber, wer Frankreichs nächster Staatschef werden sollte. Ich mochte ihre Mischung aus Karriere und Ökokisten-Abo – und dennoch: Sie waren erwachsener, als ich es je sein wollte. Wenn man sie reden hörte über Schulauswahl, Fassadenanstrich des

Baumhauses, Kieferorthopädietermine, Ballettaufführungen, Sparbücher und Zukunftsvorsorge konnte man zu der Annahme kommen, Kindererziehung sei eine sehr ernste Sache, die nicht nur einen weit fortgeschrittenen Reifegrad, sondern auch eine absolute Determiniertheit und Planungssicherheit über die nächsten zwanzig Jahre Lebenszeit voraussetzte. Kam ich mir in Prenzlauer Berg wie eine Versagerin vor, war ich hier eindeutig gescheitert. Bis heute habe ich keine Lebensversicherung, nicht mal eine für den Hausrat, ich wollte nie eine Wohnung kaufen, selbst meinen Führerschein habe ich erst im zweiten Anlauf gemacht.

Jetzt, nach meiner Trennung von Marius, so war mir vor zwei Monaten neben Lila auf dem Spielplatz sitzend plötzlich klar geworden, war meine Lebenssituation eine völlig andere, und es verließ mich etwas von diesem Druck. Vielleicht weil ich mir als praktisch Alleinerziehende nun gar nicht mehr leisten konnte, nicht arbeiten zu gehen. Weil jeder Vergleich mit einem doppelt verdienenden Paar ab jetzt hinkte. Schließlich galt es zu bedenken: Der Renten- und Versorgungsausgleich würde sich durch die baldige Scheidung erledigt haben. Ich durfte nicht nur, nein, ich musste für meinen Ruhestand arbeiten, weil da nun niemand mehr war, der mich finanziell auffing.

Spielplatzbank-Diskussionen, ob ein dreijähriges Kind in den Kindergarten gehört, ob man im Mai mit den Kindern eine Woche alleine nach Mallorca fährt oder ob man sich vormittags zum Kinderschwimmen zusammentut, waren endlich obsolet geworden, weil sich die Fragen aufgrund des fehlenden Geldes und der fehlenden Zeit gar nicht mehr stellen würden. Das war einerseits besorgniserregend, weil es natürlich schöner ist, einen Haufen Geld zu haben und nicht arbeiten zu müssen. Auf der anderen Seite war es erleichternd, dass mich viele Elternthemen ab sofort gar nicht mehr betrafen. Ich musste nicht mehr entscheiden, ob ich die Fischstäbchen aus dem Biomarkt für sechs Euro besser fand als die von Iglo, weil ich mir die teuren ohnehin nicht mehr leisten konnte. Dasselbe galt für Gitarrenstunden, Kinder-Ballett oder das offene Nachmittagsangebot an der Waldorfschule. Leider zu teuer.

Auch die vielen Diskussionen über Fremdbetreuung hatten sich vorläufig erledigt. Ging gar nicht anders, ich musste ja arbeiten. Und wahrscheinlich musste ich neben dem Kindergarten und meiner Mutter für die Betreuung meiner Kinder sogar noch eine Babysitterin einspannen. Maxime war zu diesem Zeitpunkt fünf Jahre alt. Die ganzen Tage der offenen Tür an den umliegenden Privatschulen im kommenden Herbst konnte ich mir schenken. Er würde die Regelschule besuchen und darüber nicht unglücklich sein.

Perfekt konnte es also nicht mehr werden, dann eben ab jetzt kreativ aus der Hüfte. Meine Rolle als Quasi-Alleinerziehende war jetzt, so kurz nach der Trennung, noch so schwammig und undefiniert, ich würde sie selbst erfinden müssen. Und in ebendiesem Moment auf dem Spielplatz hatte sich bei mir das Gefühl eingestellt, dass ich langsam zurück in die Realität kam. Ich würde meine alten Kontakte bemühen, mich um einen Job bewerben. Ich würde wieder arbeiten gehen, und darauf freute ich mich tatsächlich.

«Mama, mein Eis tropft», jammerte Max plötzlich und riss mich aus meinen Gedanken.

«Nimm den Rock deiner Schwester», sagte ich gelassen und musste lachen.

Der Protest ließ keine Sekunde auf sich warten.

«Nein, nicht mein Glitzer-Rooock ...»

«Hey, das war nur ein Scherz», erklärte ich und lachte noch mehr. «Ich hole Servietten», sagte ich zu Lilas Beruhigung. Während ich die wenigen Meter zum Eiswagen lief, lächelte ich merkwürdig glücklich in mich hinein. Es war der Moment, in dem ich realisierte: Einfach so war ich auf einmal völlig frei.

Zu dritt unseren Beat finden

In der ersten Nacht allein mit den Kindern in der neuen Wohnung stieg Angst in mir auf. Keine diffuse Angst vor Geldsorgen, Krankheiten, die mich oder die Kinder betreffen könnten, oder vor erneutem Verlassen oder Verlassenwerden in der Zukunft, nein, ich hatte richtig Schiss. Ich hatte die Wohnungstür zwei Mal abgeschlossen. Die Kinder schliefen friedlich auf improvisierten Matratzen-Betten im Zimmer nebenan, doch ich bekam kein Auge zu. Der Verkäufer des Chicken-Döner-Ladens im Erdgeschoss hatte das Kehren vor seinem Lokal beendet, und bis auf das Geräusch von gelegentlich vorbeifahrenden Autos herrschte an der Papierstraße im Wedding Totenstille. Doch da – plötzlich! War das ein Pochen? Ein Tropfen? Ein Klackern? Oder ein Trippeln von Mäusen in den Wänden? Ich hörte genauer hin. Vielleicht versuchte sich auch gerade ein Einbrecher am Türschloss. Oder war es ein betrunkener Nachbar, der die Tür verwechselt hatte? War die Wohnungstür wirklich zweimal abgeschlossen? Oben und unten? Lag mein Handy für den Notfall griffbereit neben meinem Kissen? Ich tastete danach. Okay, da lag es. Oder kam das Geräusch vom sonoren Röcheln des Kühlschranks?

Es war zwei Uhr morgens, und ich lag wach. Daran gab es nichts zu beschönigen. Meine Gelenke und Muskeln schmerzten noch vom Kisteneinpacken, Kellerausräumen, Umzugshelfer-Brötchen-schmieren-und-Suppe-Kochen, Kistenauspacken, aber das tat alles nichts zur Sache. Kleingeldbereich – geschenkt!

Ich hatte Angst, weil ich auf einmal zwar nicht einsam, aber alleine war. Seit den paar Stunden, in denen wir hier waren, die Kinder und ich, fühlte ich mich wie der Wachhund des Hauses, der das Rudel beschützen musste. Hatte Marius während unseres Zusammenlebens zwar selten praktische Hilfe im Alltag geleistet, wäre er nachts dennoch derjenige gewesen, der den Kampf auf Leben und Tod für uns alle auf sich genommen hätte. Nun, alleine, war ich die Paranoia in Person.

Ich stand auf, ging von meinem Schlafzimmer in die Küche, trat gegen den alten Kühlschrank, der augenblicklich verstummte, und legte mich wieder hin. Gott sei Dank, das Pochen-tropfen-klackern-irgendwas-Geräusch war verschwunden. Zufrieden versuchte ich einzuschlummern. Schon bald schien die REM-Schlafphase nah, der süße Schlaf wollte mich überkommen, als ich ein Tapsen auf dem PVC hörte.

Lila schien sich in der neuen Wohnung noch nicht orientieren zu können.

«Mama, Mama.»

Ich hörte ihre kleinen, noch babyhaft dicken Füße auf dem Boden. Taptaptaptaptap.

«Mama», wimmerte es noch einmal. Ich stand auf und suchte meine kleine Maus in der Wohnung, die für Lila wie ein Labyrinth aus Kartons aussehen musste.

«Mein Schatz, mein Schatz, ich bin da», rief ich. An der Badezimmertür fand ich sie in ihrem geblümten Nachthemd mit Schnuffeltuch und Hasen im Arm. Ich nahm sie ganz schnell hoch und drückte sie fest. Wie weich ihre warmen Bäckchen waren.

«Willst du heute bei mir schlafen, Lilli?», fragte ich sie. «Ich könnte etwas Gesellschaft vertragen.»

Lila nickte und legte ihren Kopf gegen meine Brust, so wie sie es schon als Baby gemacht hatte. Langsam lief ich mit ihr auf dem Arm zurück in mein Zimmer, und wir kuschelten uns gemeinsam ins Bett. Ich gab ihr einen Kuss auf die Stirn. Kleine Töchter wirken nachts wie Valium. Nach wenigen Minuten schliefen wir beide tief und fest.

Das Erwachen am nächsten Morgen war dagegen grausam. Der Handy-Wecker klingelte um halb acht, damit wir spätestens um halb zehn im Kindergarten sein würden, weil dann der Morgenkreis für die Kinder beginnt. Ich hatte mir dagegen noch ein paar Tage frei genommen für den Umzug. Darüber freuen konnte ich mich allerdings so gar nicht.

«Aua», sagte ich. «Lila, Lila, bitte geh da runter.»

Sie hatte halb auf meiner Brust geschlafen. Eine falsche Bewegung – zu spät. Durch meinen Rücken zog sich ein Schmerz, als hätte ich mir einen Nerv eingeklemmt. Dazu sprudelten die Emotionen von gestern wie ein Wasserfall in meinen Kopf zurück.

War das alles wirklich passiert? Wohnte ich jetzt woanders?

Ja, es war alles so passiert. Wir waren keine klassische Familie mehr. Ich wohnte nicht mehr im hübschen Prenzlauer Berg, auch nicht mehr im schicken Teil Pankows. Ich musste mich jetzt in einem Mietshaus in Berlin-Wedding einrichten, da wo die Boateng-Brüder aufgewachsen sind und es im Hausflur nach Chicken Tandoori riecht. Marmor ade, hallo PVC. Wenigstens war die Miete mit 700 Euro warm nicht hoch und der Kindergarten nur zwei Busstationen entfernt. Aber da hörten die Vorteile auch schon auf. Nun begann das Leben ohne Ehe, Einbauküche und Einlagensicherung. Ich spürte aufkommende Existenzängste vom Feinsten. Doch darüber konnte ich jetzt glücklicherweise gerade nicht weiter nachdenken.

Ich raffte mich aus meinem schlafwarmen Bett auf, um den Tag in den Griff zu bekommen. Lila war längst vorgelaufen, ihren Bruder wecken, und mir schoss die Frage durch den Kopf: Würde ich je wieder mit jemandem kuscheln, der größer war als 1,20 Meter? Im Moment bezweifelte ich das sehr.

«Guten Morgen, kleiner Prinz», begrüßte ich Max in seinem Bett. Er blinzelte und drehte seinen Blondschopf noch einmal um – von mir weg. Ich hätte mich am liebsten zu ihm gelegt, aber was nützte es, wenn nur das eine Kind ein Langschläfer war. Im Pyjama bahnte ich mir meinen Weg durch die Kartons und trat erst auf einen Lego-Stein, dann auf die Schatzkiste der Playmobil-Piraten – gefüllt mit gefühlt Millionen winzigen Plastikgoldmünzen. Eilig bückte ich mich, kehrte sie mit den Händen zusammen, bevor Max es merkte. Die Wohnung war ein Saustall. Das Einzige, was es erträglich machte, war, dass es mein Saustall war. Keiner hatte Schuld, niemand, der das Duschgel nicht wieder verschlossen, das Handtuch nicht wieder aufgehängt oder die Bierflasche von gestern Abend auf dem Couchtisch stehengelassen hatte. Jedes Körnchen Dreck war durch meine mangelnde Demut vor Disziplin und Ordnung, meine eigene Liederlichkeit entstanden.

Und trotzdem war ich heute Morgen gereizter als sonst. Die Kinder spiegelten mir das sofort. Lila schrie, als sie auf die Toilette wollte, weil der Hocker zum Vor-das-Klo-Stellen nicht aufzufinden war. Hektisch kramte ich in den Kartons nach einem Hocker, bevor eine gelbe Pfütze auf den Badfliesen entstehen konnte. Max weigerte sich auch in der nächsten halben Stunde, überhaupt erst aufzustehen.

«Ich bleibe heute zu Hause», rief er und zog die Bettdecke wieder über den Kopf.

«Das geht nicht», bettelte ich fast schon. «Mama hat heute so viel zu tun. Mama muss doch die Kartons auspacken.»

Ich musste alleine das Waschen, Frühstücken, Anziehen geregelt bekommen und hatte keinen Antrieb. Da war nun wirklich niemand mehr, der auf dem letzten Meter einen Schnürsenkel zuband oder die Zähne nachputzte. Ich war motzig und die Kinder hatten die Kooperationsbereitschaft einer Gewerkschaft kurz vor einem Streik. Ich wollte deeskalierend wirken, also ließ ich sie erst einmal frühstücken. Choco Pops, so viele sie wollten. Das gab es sonst nie, maximal mit Haferflocken gemischt, aber so konnte ich ungestört duschen gehen. Eilig suchte ich mir Shampoo und Duschgel aus einem Karton zusammen und stellte mir beim Einseifen vor, dass da bereits ein Duschvorhang hing.

Es war mittlerweile schon halb neun, und in unseren Kindergarten darf man die Kinder nur bis halb zehn bringen – danach nicht mehr. Lila und Max hatten sich in der Zwischenzeit ins Kinderzimmer verzogen, wo sie jeder in ein Spiel vertieft waren. In mir stieg leichte Panik auf. Ich legte alle Klamotten auf die Betten, aber Lila und Max spielten unbeeindruckt weiter.

«Ich will, dass ihr euch jetzt anzieht, sonst gibt es eine Strafe. Hört ihr mich ...»

Schon die Ergänzung «Hört ihr mich» kommt im autoritärpädagogischen Sinne einem Todesurteil gleich. Kein Diktator, keine Autoritätsperson muss einer klar formulierten Forderung Nachdruck verleihen. Lila und Max rochen mein erzieherisches Schwächeln natürlich wie Spürhunde Kokstütchen – und das war mein Fehler. Ich stand mitten im Kinderzimmer und war der Idiot.

«Na gut, dann gibt es jetzt Strafen», brüllte ich.

Ich nahm den Plüsch-Gorilla aus dem Puppenbett und das dazugehörige Milchfläschchen.

«Das kommt jetzt weg», sagte ich bestimmt.

Lila schaute mich mit großen Puppenmutteraugen an. Jetzt dreht die Alte am Rad, wusste jetzt auch das Töchterchen.

«Anziehen! Sofort!»

Die Botschaft war klar. Lila griff nach ihrer Strumpfhose. Sie war eine typische Zweitgeborene. Konnte Dinge mit zwei, die Max noch nicht einmal mit vier Jahren alleine hinbekam. Max machte mit, nachdem ich ihm in Bezug auf sein Star-Wars-Laserschwert Ähnliches angedroht hatte. Das war kindisch und total unpädagogisch, aber ich war verzweifelt. Ich hatte einmal von einer Bekannten gehört, dass sie aus Wut und Verzweiflung den Adventskalender ihres Sechsjährigen aus dem Fenster des dritten Stocks geworfen hatte. Zack! Weg! Auf Wiedersehen! Total verantwortungslos, also bitte nicht nachmachen.

Natürlich: Seinem Kind Spielsachen wegzunehmen ist nicht schön, aber leider die moderne Alternative zur körperlichen Züchtigung und sogar zwecks Aggressionsabbau Grundvoraussetzung für eine gewaltfreie Erziehung. Da kann mir keiner was vormachen. Eltern, die sagen, dass sie ohne materialistischen Druck arbeiten, ohne Fernsehverbot oder Spielzeugentzug, halte ich für Heuchler.

Obwohl ich von meinem Tun halbwegs überzeugt war, fühlte ich mich an diesem Morgen unendlich schwach und angreifbar. Die Kinder merkten, dass etwas nicht stimmte, dass meine Weltordnung ins Wanken geraten war, und nutzten meinen Autoritätsverlust für eine Neuverschiebung der Gewichte. Sie forderten mehr Aufmerksamkeit, oder kam mir das nur so vor, weil ich ein schlechtes Gewissen hatte? Das war sie wohl, die Elendsspirale der Alleinerziehenden. Man hat das Gefühl, ein Versager zu sein, weil der andere Elternteil nicht da ist. Also erspart man seinen Kindern viele Diskussionen und echte Autorität. Was wiederum dazu führt, dass sie mit weniger Regeln aufwachsen, als ihnen vielleicht guttun würde.

Zu zweit seinen Kindern gegenüberzustehen und zu sagen: «Das ist nicht gut» oder «Dein Papa sieht das genauso» ist wesentlich einfacher, als sich alleine gegen zwei Kinder behaupten zu müssen.

Später habe ich oft gedacht, dass man als Alleinerziehende häufig in die Falle tappt: Man hat ein schlechtes Gewissen, weil die Kinder ihren Papa oder ihre Mama nicht so oft sehen. Warum soll man ihnen dann das Leben noch schwerer machen? Man erlaubt ihnen mehr, als man eigentlich möchte. Was natürlich auch etwas mit einem selbst zu tun hat: Zu wenig Autorität entsteht immer wieder auch aus Müdigkeit, Dauererschöpfung, fehlender Lust auf noch mehr Multitasking und aus Schwäche.

Wenn ich es positiv wende, frage ich mich, ob ich womöglich alleine authentischer vor meinen Kindern agiere, als es ein Paar je könnte. Bekommen sie so nicht mehr erwachsenes Leben mit? Sicher ist: Müdigkeit macht schwach und nachgiebig. Nachgiebigkeit sorgt für mehr Chaos, wie der Frühstückstisch an diesem Morgen unschwer erkennen ließ. Wenn die Mutter in der Dusche verschwindet, räumt man als Kind nicht unaufgefordert den Teller in die Spülmaschine und fragt, ob man vom Tisch aufstehen darf. Auch solche «Hausregeln» sind zu zweit leichter durchzusetzen. Wenn zwei Erwachsene vormachen, wie es zu sein hat, ist das sicher besser, als wenn eine Mutter am Rande der Hysterie versucht, den Knigge am Tisch einzuführen.

Aber egal welche Theorien man über seine vielleicht auch berechtigte Unzulänglichkeit vor den Kindern entwickelt, das schlechte Gewissen bleibt. Meine Babys, sie taten mir so leid. Die ersten Jahre ihres Lebens waren sie in einer Rama-Familie aufgewachsen, jetzt wohnten sie in einem Problemviertel neben Tram-Schienen und stark befahrener Straße.

Ich musste mich zusammenreißen. Ich erinnerte mich daran, wie Maxime mit elf Monaten eine Lungenentzündung hatte und wir beide in ein großes Berliner Krankenhaus in stationäre Behandlung mussten. Ich saß neben meinem schlafenden Kind, das an Schläuche angeschlossen war, und heulte in einem fort. Am Abend nahmen mich meine zwei Zimmernachbarinnen, zwei türkischstämmige Kurdinnen, zur Seite. Sie waren selbst mit ihren Kindern da und schätzten mein Selbstmitleid richtig ein.

«Wenn du weiter so weinst, wird dein Kind denken, alles ist

hier schrecklich», sagte die eine. «Du musst lachen für dein Kind. Solange du lachst, denkt es, alles sei in Ordnung.»

Damals nickte ich, wischte mir die Tränen aus den Augen und nahm mich fortan zusammen. Ich dachte, genau so müsste ich es jetzt auch machen. «Weine unter der Dusche», hatte die sechsfache Mutter Angelina Jolie mal nach ihrer Trennung von Brad Pitt gesagt.

Sie alle hatten recht. Ich atmete tief ein. Was hatte ich bloß erwartet? Dass alles normal weitergehen würde, ohne dass wir kurz stolpern, uns sammeln und dann wieder aufstehen müssten?

Es würde seltsam werden die nächsten Wochen. Die Kinder und ich würden uns herantasten und unseren eigenen Beat finden müssen. Wenn einer morgens noch die Zähne putzte, der andere aber seine Tierkarten suchte, mit seiner Trinkflasche gekleckert hatte oder daran verzweifelte, den Schnürsenkel zuzubinden, dann musste der Zweite eben warten. Bei einer Kleinfamilie aus zwei Kindern und einem Erwachsenen steht immer einer am Rand. Manchmal das ältere, manchmal das jüngere Kind. An einigen Tagen auch ich – wenn die beiden zu sehr in ihr Spiel vertieft sind. Jedes Mal ein anderer. Sie würden lernen müssen, mich zu teilen, auch mit einem Job, und das ausgerechnet jetzt, wo sie so viel Halt brauchten. Plötzlich wurde mir klar: Das war vielleicht auch gar nicht schlecht.

Alleinerziehende können schlecht helikoptern, weil sie so viel mehr im Blick haben müssen als nur die Kinder. Schon in der letzten Zeit, in der ich bereits viel mit den beiden alleine war, war mir aufgefallen, wie viel weniger meine Kinder mir am sprichwörtlichen Rockzipfel hingen als vorher. Mein Sohn nahm nicht einmal mehr an, dass ich ihn anziehen würde, selbst Lila war es mit ihren zweieinhalb Jahren gewohnt, das selbst zu machen. Half ich doch mal, eine komplizierte Strumpfhose anzuziehen, war das eine Ausnahme.

Natürlich dachte ich immer wieder, ich bin zu hart. Auch wenn Max schon fünf war, war er noch so klein – wann im Leben sollte er sich denn sonst von seiner Mutter umsorgen lassen? Aber ich glaube, er wusste, dass ich es nicht böse meinte. Er wusste, dass ich ihn verstehe.

Maxime war und ist wie ich als Kind: Er lebt in einer Traum- und Parallelwelt, sitzt in der Ecke, spielt und redet leise mit sich selbst. Wenn ich ihn frage, was er da macht, sagt er, er denke sich Geschichten aus.

«Sehr gut», sage ich dann. Weil ich es genauso gemacht habe. Im Kindergarten, in der Schule, ja, manchmal heute noch. Seine Kindergarten-Erzieherin sagte mir bei einem Elterngespräch einmal, dass sie das nicht gut findet. Dass er oft nicht mitmacht, wenn sie Memory spielen, weil er lieber alleine spielt.

«Ja», hätte ich ihr am liebsten geantwortet. «Memory ist ja auch stinklangweilig.» Ich nickte aber nur – mit kritischem Blick –, um für Maxime als seriöse reflektierte Mutter durchzugehen.

Seitdem weiß ich allerdings: Ich verstehe meine Kinder. Max jetzt mit seinen fünf Jahren, Lila irgendwann, wenn sie etwas älter ist als zwei Jahre. Und sie verstehen mich oder werden es bald. Solange wir ein Gespür füreinander haben und das Gefühl, dass wir zusammengehören und sie immer auf mich zählen können, weil ich immer für sie da bin, kann uns nichts passieren.

Mittlerweile war es 9.10 Uhr. Endspurt. Im Radio lief Bob Marley.

«Wenn ihr euch beeilt, dann fahren wir mit dem Doppeldeckerbus», versuchte ich noch einmal positiven Druck zu machen. Die gute Laune war zurück. Ich begann, Brote zu belegen für den Waldtag im Kindergarten, suchte den Kühlschrank nach einer Alternative zu Wurst ab. Bloß keine Wurst. Wir sind eine vegetarische Kita. Fleischbefreit. Waffenfrei. Zuckerarm. Gähn. «Die Wurst ist die Zigarette der Zukunft», sagte der Chef der Rügenwalder Mühle, Christian Rauffus, einmal dem *Spiegel*. «Wurst wird in Zukunft geächtet werden.» In unserem Kindergarten ist die Zukunft schon da.

Dann noch Rucksäcke zu, Sandalen an, Tür zweimal abgeschlossen – am Ende nahmen wir aus Zeitknappheit dann doch ein Taxi, das ich mir nicht leisten konnte, und 15 Minuten später im Kindergarten log ich, dass ich außer Wurst leider nichts anderes im Kühlschrank hatte – einen Tag nach dem Umzug. Und weil das die schlechteste Ausrede seit «Die Schlange hat gesagt, ich soll den Apfel essen» war, rollte die Erzieherin nur mit den Augen und gab mir ein Zeichen, die Rucksäcke an die Garderobe zu hängen.

«Also, dann tschüüüs», sagte ich noch in der Eingangstür, doch keiner schaute mich mehr an. Lila und Max waren im hinteren Spielzimmer verschwunden, die Erzieher waren mit den kleinen Kindern beschäftigt und guckten nicht mehr hoch.

Geknickt schloss ich die Tür und ging Richtung Bushaltestelle.

Das dumpfe Gefühl, wenn man morgens den Kindergarten verlässt, kennen alle Eltern. Kurze Leere. Das Vakuum, das entsteht, wenn die Kinder auf einmal weg sind und man merkt: «Oh, da bin ich ja noch.» Dann hilft nur: erst mal durchatmen. Das blöde Gefühl wegatmen. Noch schneller auf andere Gedanken kommen.

Jedes Mal, wenn ich mich von der Kindergartentür entferne, zwänge ich mich zurück in mein schlechtes Gewissen wie in einen zu engen Pullunder. Das ist wie eine mütterliche Pflicht, ich werde sie einfach nicht los. Es ist beinahe ein gesellschaftlicher Konsens, das Gefühl, oder besser: das gefühlte Wissen, eine Rabenmutter zu sein. Wie in einem schlechten Film begegne ich Morgen für Morgen dem grauen Beamten der kollektiven Schuldzuweisung, der sagt: «Gehen Sie ruhig arbeiten, verdienen Sie das notwendige Gehalt für sich und das Bruttoinlandsprodukt. Aber halt, stopp! Haben Sie nicht etwas vergessen? Entschuldigen Sie, Sie haben da Ihr schlechtes Gewissen liegen lassen!» – «Oh, sicher, das hatte ich ja fast übersehen. Danke schön!»

Ich fuhr Bus und trottete dann langsam den Weg in Richtung Wohnung entlang, in der mich meine Umzugskartons schon erwarteten. Wie ein Sack Zement schleppte ich mich die drei Etagen hoch. Im Treppenhaus roch es nach Chemie. Ich öffnete die Wohnungstür. Da standen sie alle. Wie Heckenschützen lauerten sie überall – die kleinen Erinnerungsstücke aus Gesamtfamilientagen, bereit, mir das Herz rauszureißen.

Das bisschen Home-Office oder Die perfekt gestresste Mutter

Ich stand an das Fensterbrett unserer neuen kleinen Küche gelehnt. Die Sonne schien, es waren 24 Grad, ein schöner Juli-Tag. Das Fenster war weit offen. Unten warf gerade jemand Flaschen in die Glasmülltonne. Eine nach der anderen. Ein ganz neuer Sound in meinem Alltag, der schön nach dem Achtziger-Jahre-Deutschland meiner Kindheit klang. In der linken Hand hielt ich eine große Tasse Milchkaffee, in der anderen den Rest des Marmeladenbrotes meiner Tochter. Mit meiner nicht vorhandenen dritten Hand, aber offiziell der Kaffeetassen-Hand, las ich schon mal die aktuellen Meldungen des Tages, um später einigermaßen vorbereitet in der Redaktion aufzuschlagen.

Woran erkennt man eine alleinerziehende berufstätige Mutter? Richtig, sie ernährt sich eigentlich von nichts anderem als von den Essensresten ihrer Kinder, plant diese als tägliche Nahrungsquelle gleich mit ein. Brotkrusten zum Beispiel sind – wie alle Eltern wissen – der natürliche Feind des Kleinkindes. Ich habe über die vergangenen vier Jahre sicher über 500 Brotkrusten gegessen, die meine Kleinen liebevoll übereinandergestapelt auf ihrem Brotteller morgens für mich hinterließen.

Von den matschigen Cornflakes in Milch, dem Haferschleim mit Honig und den angebissenen Äpfeln oder Bananen ganz zu schweigen.

Die Kinder, die nie etwas aufessen, passen gut zur gestressten Generation von Eltern. Und das, obwohl wir in der Schule noch gelernt haben, alles aufzuessen, weil die Kinder in Afrika Hunger leiden. Heutzutage sind Kinder für solche Sätze viel zu abgeklärt.

«Und jetzt? Sollen wir ihnen jetzt meinen Broccoli schicken?», hat mein Sohn einmal gefragt.

«Nein, du kleiner Besserwisser, aber es geht um Respekt und ein altruistisches Weltbild im Allgemeinen», habe ich gesagt. Dann ist ihm auch nichts mehr eingefallen.

Besserwisserei von naseweisen Kindern begegne ich gerne mal mit altersbedingter intellektueller Überlegenheit. Maxime mag das. Das merke ich an der Art, wie er dann seine Augen verdreht und dabei lächelt. Oder ich sage: «Gott sieht alles.» Meine Kinder sind katholisch getauft und gehen recht regelmäßig zum Kinderchor der Kirche. Gott zieht immer.

Ich hatte mir vorgenommen, meine Leichtigkeit nicht zu verlieren, meinen Humor, aber die Aufgabe war wirklich gerade sehr schwer. Nicht nur mussten die Kinder und ich jetzt diese Wohnung unser Zuhause nennen, ich war auch in der Pflicht, mich in meinem neuen Leben zurechtzufinden. Seit gerade mal acht Wochen arbeitete ich wieder in einer Redaktion. Vier Wochen vor dem Umzug hatte ich begonnen. Aber auch da musste ich mich erst wieder einfinden. Ob mir mein Superwoman-Kostüm als Redakteurin wirklich noch passte? Gerade kniff es noch etwas, aber ich trug es langsam ein. Die Routine zu entwickeln, 30 E-Mails am Tag zu beantworten, auf alle Fragen in den Konferenzen vorbereitet zu sein, einen großen Artikel die Woche zu schreiben – das ging mir alles nicht so leicht von der Hand wie noch vor fünf Jahren. Die leeren langen Gänge in der Redaktion, die vielen Glaswände, die Wände aus Zement, der große Produktionsraum mit seinen grauen Säulen: Sie bereiteten mir noch Platzangst. Ich hatte das Gefühl, sie könnten einfach auf mich fallen und mich zerdrücken.

Wo war mein Selbstbewusstsein geblieben, meine Sicherheit, dass ich nach zehn Jahren Redaktionserfahrung trotz langer Pause etwas auf dem Kasten hatte? Ein Beruf ist wie Fahrradfahren. Den verlernt man doch nicht. Aber jetzt war ich auf einmal nicht mehr alleine mit dem Job. Bevor ich zur Arbeit ging, musste ich meine Kinder morgens wegbringen, beten, dass alles gut läuft, und während des Arbeitstages hoffen, dass nicht ein Anruf vom Kindergarten kam, weil eines der beiden plötzlich einen heißen Kopf hatte.

Ich habe als Single Mom keine Fallback-Option, keine 24-Stunden-Nanny als Vertretung und auch keinen Mann, der zumindest ab und zu mal einspringen könnte. In unserer Leistungsgesellschaft bedeuten Kinder für Frauen wie mich, Verwundbarkeit zu zeigen. Ich bin immer auf das Verständnis anderer angewiesen. Verständnis dafür, dass ich «früher» gehe, obwohl ich mir nicht einmal eine Mittagspause gegönnt und stattdessen ein Sandwich am Tisch gegessen habe. Verständnis von den Erziehern im Kindergarten, dass der große Zeiger zehn Minuten hinter der Vier steht, wenn ich zum Abholen komme und die Stühle schon hochgestellt sind. Und Verständnis von meinen Kindern, dass nicht Mama, sondern Oma oder die Babysitterin ihnen ein paar Mal die Woche den Gute-Nacht-Kuss gibt.

Ein schneller Blick auf die Uhr – zehn nach sieben – alles noch in der Zeit. Um nicht morgens schon einen Magenwanddurchbruch zu bekommen, hatte ich mir meine Klamotten abends rausgelegt. Die gebügelte Bluse, die marineblaue Anzughose, die schwarzen Ballerinas.

«Wie ein Feuerwehrmann», hatte Lila schon richtig kommentiert, als sie meine Klamotten abends in richtiger Reihenfolge auf einem Stuhl neben meinem Bett drapiert sah. Wie erbärmlich, dachte ich kurz. Bevor ich Kinder hatte, habe ich mir oft am Abend vor einer Party mein Outfit zurechtgelegt – oder zumindest in Gedanken «zurechtgedacht». Seit ein paar Wochen war jetzt das Büro das Highlight. Es war die einzige Möglichkeit, mal das Haus in Richtung große weite Welt zu verlassen und ein bisschen Smalltalk zu halten.

Noch drei Schlucke Milchkaffee, dann war es Zeit, ein wenig Zug in die Sache zu bringen. Um acht Uhr mussten Maxime und Lila im Kindergarten sein, um neun Uhr sollte ich spätestens im Büro eintreffen.

Ich war wirklich aufgeregt, mein Magen rumorte. Jetzt sollte der richtige Stress beginnen. Die freien Tage nach dem Umzug waren schnell vergangen. Spielen, Blödeln, Kinder Durchkitzeln, um ihnen die neue Situation ein wenig schmackhafter zu machen. Ein paar Umzugskisten auspacken, ein paar Regale aufbauen, zu Abend essen, baden, die Haare waschen – natürlich mit Taucherbrille, sonst kommt Schaum in die Augen. Allein das füllte den Tag schon komplett aus und ließ mich mit Rückenschmerzen und müden Knochen ins Bett fallen. Und da hatte der Alltag, der zwischen Job und Mutterschaft rotierte, noch nicht mal begonnen.

Den ganzen Tag an einem komplett anderen Ort als die Kinder zu sein, die Konzentration auf eine völlig andere Sache, das war für mich vor allem am Anfang unheimlich schwierig. Das Herz hofft, dass zu Hause alles okay ist; das schlechte Gewissen zieht man dabei wie einen störrischen Esel hinter sich her. Eigentlich ist das alles nicht auszuhalten, aber als berufstätige Mutter macht man das trotzdem mit. Aus wirtschaftlicher Notwendigkeit und in meinem Fall auch aus dem Unwillen, alle meine beruflichen Träume aufgeben zu müssen.

Oft frage ich mich, warum die Arbeitswelt vor dieser Doppelbelastung von Frauen die Augen verschließt. Oder warum Chefs volle Leistung von ihren Mitarbeiterinnen fordern, obwohl sie wissen, dass diese Kinder haben. Oder warum sie niemals annehmen, dass auch die Väter in Elternzeit gehen könnten.

Das Nachbarland Frankreich ist da wesentlich frauenfreundlicher organisiert, wenn dort natürlich auch nicht immer alles rosig ist. Meine Cousine Clara ist zum Beispiel eine typische Französin. Sie ist so alt wie ich und Lehrerin in Lille. Als ihre kleine Tochter Alice zwei Monate alt war, brachte sie die Kleine und ein paar Fläschchen abgepumpte Milch fünfmal die Woche um sieben Uhr morgens zur Tagesmutter, ging in die Schule und holte Alice um zwei Uhr nachmittags wieder ab. Für sie war das völlig normal, schließlich machten und machen es alle ihre Freundinnen dort ebenso.

Die Kosten für Tagesmutter und Krippen werden in der Regel von den Kommunen in Frankreich komplett übernommen. Und auch wenn ich weiß, dass es keiner Mutter leichtfällt, ihr

Baby nach wenigen Wochen abzugeben, und dass auch jede für sich entscheiden sollte, wie sie es machen möchte, finde ich es dennoch beneidenswert, in einer Gesellschaft zu leben, in der es für Frauen zumindest die staatlich zugesicherte Option gibt, nach zwei Monaten wieder arbeiten gehen zu können.

Die Konsequenz aus lückenhaften Betreuungsmöglichkeiten wie hierzulande ist nämlich, dass viele Frauen im Vollbesitz ihrer geistigen Fähigkeiten mindestens ein Jahr lang zu Hause oder auf Spielplätzen ihre Elternzeit absitzen. Einige von ihnen würden gerne wieder früher arbeiten gehen, aber das ist nahezu unmöglich. Denn obwohl die Elternzeit von bis zu zwei Jahren in Deutschland internationale Spitze ist und vor allem Müttern die Zeit gibt, zumindest ein ganzes Jahr bei 65 Prozent Gehalt für ihr Baby da zu sein, ist sie auch eine Einbahnstraße. Der Haken ist, dass nur sehr wenige Kitas Betreuungsplätze für Babys unter einem Jahr anbieten, weil diese oft eine Eins-zu-eins-Betreuung erfordern und Erzieher und Kita-Plätze bekanntlich knapp sind. Ein paar Einrichtungen, die Betreuung ab fünf Monaten anbieten, habe ich nach Maxis Geburt abtelefoniert. Einen Platz habe ich dort nicht bekommen.

«Sie haben bessere Chancen, wenn Sie Ihr Kind ab seinem ersten Geburtstag bringen», sagte mir einmal die Leiterin einer Kita beim Rundgang durch die Einrichtung.

«Und wie viele Plätze vergeben Sie in diesem Jahr?», fragte ich zurück.

«Gar keine», antwortete sie und zuckte mit den Schultern. «Wir sind nur verpflichtet, Bewerber einzuladen.»

Ich folgte ihr weiter durch den Gang mit den selbstgemalten Bildern an den Wänden und bekam den Mund nicht mehr zu.

Das war sie also, die Betreuungsrealität im Deutschland des 21. Jahrhunderts.

Meine Generation kann auf den Mentalitätswechsel in der deutschen Arbeitswelt nicht mehr warten. In der Zwischenzeit können wir aber wenigstens eines tun, Single Moms oder Verheiratete – hin oder her: uns weniger schlechtes Gewissen aufladen und gut gelaunt arbeiten gehen. Nicht ständig den eigenen Lebensentwurf in Frage stellen und vor anderen rechtfertigen. Unsere Kinder erziehen, ohne ständig an uns zu zweifeln. Sie morgens fröhlich in den Kindergarten bringen und dabei nicht grübeln, ob das wirklich das Beste für sie ist.

Berufstätige Mütter – ob alleinerziehend oder nicht – genießen bei Kindergartenfesten, Partys unter Bekannten oder ganz allgemein im öffentlichen Leben die Beliebtheitswerte einer Hillary Clinton kurz nach der verlorenen Wahl. Vielen sind wir suspekt. Wo sind deine Kinder?, fragt man mich, wenn man mir am Wochenende abends in einem Restaurant begegnet. Wie kannst du das mit der Arbeit vereinbaren?, fragt man mich, wenn ich mit selbstgebackenem Kuchen auf dem Kindergartenfest stehe.

Der ganze Stress, das Gehetze ist schlimm genug, aber die ständigen kritischen Blicke der anderen geben einem den Rest. Freundlich verpackte Schuldzuweisungen und natürlich immer nur konstruktiv gemeinte Kritik lauern in völlig unerwarteten Alltagssituationen. Hier ein paar Auszüge aus dem Bouquet des Bullshit-Bingos einer Alleinerziehenden:

Dein Kind ist aggressiv und malt mit vier Jahren noch deutlich über den Rand? Kein Wunder, die Mama arbeitet ja und hat keine Zeit, nachmittags zu basteln.

Dein Kind hat kein Hobby neben dem Kindergarten? Ja, wie soll es die Mama nach dem Kindergarten denn auch zum Fußball fahren, die ist ja im Büro.

Du hast neben Gummistiefeln, Regenhose, Wechselsachen, Spielzeug für den Spielzeugtag, den 4,50 Euro für die Bastelkasse das Tonpapier für die Herbst-Igel vergessen? Ach ja, du bist ist ja alleinerziehend.

Du kannst heute Abend nicht zum internen Meeting kommen? Hättest du jetzt einen Freund, könnte der ja aufpassen.

Dein Sohn kann noch nicht schwimmen? Ach stimmt. Du musst mit beiden Kindern alleine Urlaub machen. Ja, dann ist das schwer.

Ich verstehe die Gemeinheiten unter Eltern in der Vereinbarkeitsfrage nicht. Statt Frauen zu helfen, die für ihr wirtschaftliches Auskommen arbeiten und dabei noch Kinder großziehen, bekommen diese fiese Spitzen zu hören oder unnötige Hürden in den Weg gestellt.

Kritik geht schneller von der Hand, als eine helfende Hand anzubieten.

Kinder machen uns verwundbar. Und nichts ist deshalb leichter, als auf eine berufstätige Mutter einzuhacken, weil man nicht weiß, wohin man mit seinem Mitleid soll. Es ist einfacher, jemanden zu marginalisieren und kleinzuhalten, als das Problem zu sehen. Und das Problem in Sachen Vereinbarkeit von Kindern und Beruf ist in Deutschland so groß wie ein klaffender Abgrund im Hochgebirge. Die Idee betriebsinterner Kitas ist für viele Personalchefs immer noch ein Grund, hysterisch zu lachen, das Konzept Home-Office ist eher ein schlechter Scherz als ein ernstgemeintes Gesprächsangebot.

Immer mehr Menschen, insbesondere Mütter, leiden an Dauererschöpfung, doch statt den Fehler im System zu suchen, nutzt die Wirtschaft diese Tatsache eher als willkommene Gelegenheit zur Gründung eines neuen Geschäftszweiges. Auf jeder zweiten Naturkosmetik-Seife im Drogeriemarkt steht etwas von Erholung oder Selbstliebe. Teesorten heißen «Innere Ruhe» oder «Achtsamkeit». Wer gestresst ist, kann gerne ein Yoga-Retreat oder eine Therapie machen. Dann passt das schon wieder. Nichts davon hilft darüber hinweg, dass uns die wirtschaftliche Notwendigkeit dazu zwingt, die aktuelle Arbeitswelt so hinzunehmen, wie sie ist, und uns im Spagat zwischen Familie und Beruf zu zerreißen.

Die eigentliche Lüge der Vereinbarkeit besteht ja darin, dass die Kompatibilität zweier Systeme propagiert wird, die sich eigentlich gegenseitig ausschließen. Wer arbeiten geht, kann nicht bei seinen Kindern sein. Die Arbeitswelt fordert Pünktlichkeit, Kalkulierbarkeit, Planbarkeit. Für Kinder gilt all das nicht. Der tägliche Wechsel vom Privaten ins Berufliche und zurück fällt auch deshalb so schwer. Morgens kommt man nach der ganzen Anzieh-Frühstücks-und-Kita-Orgie schon fix und fertig im Büro an, abends fühlt man sich wie der letzte Idiot, wenn man nach Hause kommt und der Babysitter den Zeigefinger vor den Mund legt, weil die Kinder schon schlafen. Es ist saupeinlich, seine Kinder von der Kita abzuholen und dann erst festzustellen, dass heute Laternenbasteln stattfindet. Für Herumsuchen im Terminkalender, WARUM-HABE-ICH-MIR-DEN-MIST-NICHT-EINGETRAGEN, ist es ohnehin zu spät, jetzt heißt es nur lächeln, hinsetzen und die Laterne zusammenleimen. Der Switch vom Beruf zum Privaten ist als berufstätige

Mutter, und schlimmer noch als arbeitende Alleinerziehende, wie ein Dauerabo fürs Losertum, da helfen auch keine Terminkalender.

Und erst recht keine Ratgeber von Facebook-Chefin Sheryl Sandberg, die meint, dass man es auch als Alleinerziehende locker schaffen kann, einen Weltkonzern zu steuern. Und wenn du es nicht schaffst, sagt die gute Sheryl zwischen den Zeilen in ihrem schlauen Buch «Lean In», dann hast du dir halt nicht genug Mühe gegeben.

Ich glaube, wir sollten alle vor allem weniger negative Energie an uns heranlassen. Und die lauert ja bekanntlich überall. Neulich ging ich mit meinen beiden Kindern an der Hand abseits des Gehwegs auf einer verkehrsberuhigten Anwohnerstraße. Die ungefragte Meinung folgte prompt. Ein Rentner fuhr im Schritttempo an uns vorbei, kurbelte die Fensterscheibe runter und raunte, warum ich mit zwei Kindern auf der Straße gehen würde. Weitere Beschimpfungen folgten. Die Worte «verantwortungslos» und «Mutter» fielen. Ich habe keine weitere Sekunde gezögert, die Kinder gebeten, da vorne zum Schmetterling zu schauen, und dem Mann meinen Mittelfinger gezeigt. Von Tiefgang hat keiner was gesagt.

Mutterseelenallein

Das Pony hat Erbsen im Bauch. Getrocknete Erbsen. Und das kam so: Lila wollte mir nicht glauben, dass Plüschtiere auch richtig essen können. Also habe ich abends, als sie schon schlief, auf der Couch vor dem Fernseher eine Handvoll getrocknete Erbsen in den Bauch ihres Ponys eingenäht. Am nächsten Morgen habe ich zu ihr gesagt: «Fühl mal, Flecki hat einen ganz dicken Bauch. Er hat die Erbsen aus der Tüte im Schrank genascht.»

Da hat sie gestaunt, und es war so süß, wie sie halb gelacht hat und halb verblüfft war, weil sie nicht so richtig verstand, wie das passiert war.

Ich mag in vielen Punkten eine miserable Mutter sein. Aber das Bespielen von Plüschtieren – DAS kann ich. Bei mir hat jedes seinen eigenen Charakter. Brunum, der Bär, Roy, der Fuchs, Blondi, der Teddy, und Moses, das Einhorn. Das habe auch ich als Kind schon geliebt. Manchmal, wenn ich mich mit meiner jüngeren Schwester gestritten hatte, musste ein Kuscheltier bei der anderen am Schreibtisch vorsprechen kommen. Dem flauschigen Kuscheltier mit den Knopfaugen konnte man nichts übelnehmen. Wer würde schon ein Kuscheltier wegschicken?

Bis heute habe ich Schnutzi, eine sehr alte graue Stoffbärin mit rosa Hose. Wie oft habe ich als Kind an den nicht mehr vorhandenen Ohren dieser Schnutzi herumgekaut? Wie viele warme Tränen Liebeskummer habe ich sogar noch in meinen Zwanzigern in sie hineingeweint? Schnutzi lag immer in meinem Bett. Irgendwo zwischen den Kissen. Bis heute. Hatte ich im Laufe meines Lebens nächtlichen Besuch, wurde sie diskret unter das Bett geschoben. Schnutzi war immer da, wo für mich zu Hause war. Mit anderen Worten: Kuscheltiere haben für mich eine Seele, sie sind Kumpels, auf die man ein Leben lang gut aufpassen sollte.

Und deshalb passte es mir auch gar nicht, dass Lila das Erbsen-Pony übers Wochenende mit zu ihrem Papa nehmen wollte. Die Erbsen – das war doch unser Geheimnis. Das nur uns beiden gehörte.

Im Grunde passte es mir ganz generell nicht, dass Lila zwei Tage nicht da sein würde. Und ihr Bruder auch nicht. Das erste Wochenende, das die beiden seit unserem Umzug beim Papa verbringen sollten, stellte mich vor ungeahnte emotionale Herausforderungen.

Missmutig packte ich die Reisetasche der beiden. Ich war traurig und das Herz wog mir schwer. Bei jedem Pullover, jeder Hose, die ich einpackte, fühlte ich ein dumpfes Drücken in meiner Brust. Unser Zuhause war jetzt hier, und wir drei gehörten zusammen. Sicher, auch der Papa gehört zur Familie. Und sie sollten ihn sehen. Marius ist ein toller Papa. Ich habe ihn immerhin quasi als Papa für sie ausgesucht. Ich weiß, dass er Maxime und Lila nie im Stich lassen würde. In dieser Hinsicht vertraue ich ihm blind.

Und trotzdem, während ich die Reisetasche packte, stiegen mir unvermittelt Tränen in die Augen. Ich legte den Kopf in den Nacken und hoffte, dass die Tränen wieder zurück in ihre Kanäle fließen würden. Wie doof und unfair wäre es jetzt, vor den Kindern zu heulen. Nicht vor dem ersten Wochenende in Papas Wohnung.

Im Wechsel wollten Marius und ich uns die Wochenenden teilen. Er wohnt in Prenzlauer Berg, ich im Wedding – das macht 30 Minuten Fahrtzeit in den öffentlichen Verkehrsmitteln. Geht. In der Woche sind sie bei mir, und jedes zweite Wochenende bei ihrem Vater. Die Ferien und gelegentliche Besuche wollten wir individuell besprechen. Die Trennungsvereinbarung haben Marius und ich an einem Abend am Küchentisch mit Stift und Papier zusammen aufgesetzt. Es war ein Kampf um jeden Millimeter, aber in den großen Sachen waren wir uns glücklicherweise immer einig: Kein Wechselmodell, bei dem die Kinder wöchentlich pendeln. Kein Nestmodell, denn wer kann schon drei Wohnungen bezahlen, sondern einen Hauptwohnsitz bei mir und viele Besuche und jedes zweite Wochenende bei Papa.

Ich bin bis heute sehr stolz auf uns beide. Wir haben uns nie das Leben zur Hölle gemacht, nie einen Richter oder die Ämter bemühen müssen. Aus meinem Bekanntenkreis höre ich immer wieder ganz andere Geschichten. Da geht es um Unterhaltsklagen, Besuchsrechte, Aufenthaltsbestimmungsvereinbarungen, psychologische Gutachten und Hausbesuche vom Jugendamt. Das Nichtzahlen von Unterhalt wird zum Erpressungsmittel gegen die Mütter. Manche ziehen gar vor ihren Kindern über den Expartner her – ein absolutes No-Go, wie ich finde.

So schlimm ich auch mit Marius vor der Trennung gestritten habe, seitdem wir nicht mehr zusammenwohnen, ist damit Schluss. Vielleicht sind wir auch zu große Egoisten, um über die Kinder zu streiten. Vielleicht waren wir nie verletzt genug für die ganz große Keule, weil die Luft aus der Beziehung raus war. Vielleicht denken wir aber auch wirklich, dass der andere das eigentlich ganz okay macht.

Doch Absprache oder perfekte Patchwork-Lebensplanung hin oder her – die Kinder, meine Liebsten dann auch tatsächlich abzugeben fiel mir anfangs sehr schwer. Erst mit den Monaten wurde es leichter, und irgendwann habe ich mich sogar auf die freie Zeit gefreut. Doch das war ein Prozess, in dem es vor allem darum ging, mich selbst wiederzufinden. Zu verstehen, wer ich ohne Kinder jetzt überhaupt war. Kinder sind ja immer auch Verdrängungsmaschinen und Entscheidungsstopper. Solange die Kinder klein sind, kann man alles auf sie schieben. Warum man keinen neuen Job anfängt, obwohl der alte einen unterfordert hat. Warum man keine langen Reisen macht. Warum man den Neun-Millimeter-Absatz nicht beherrscht. Warum man nicht im Hosenanzug am Rednerpult einer UNO-Konferenz steht und Frauenrechte verteidigt. Oder warum man sich nicht endlich mal traut, die Person zu sein, die man immer sein wollte.

Solange die Kinder klein sind, kann man sich sagen: «In ein paar Jahren bin ich wieder dran.» Aber das funktioniert nicht, wenn man mit einem Mal freie Wochenenden hat, an denen es keine Kinder gibt. Plötzlich gibt es keinen Grund mehr, wenn auch nicht auf der UNO-Konferenz, so doch zumindest auf der einen oder anderen Party zu stehen.

Irgendwann vor dem besagten ersten Wochenende habe ich dann doch noch das Erbsen-Pony in die Seitentasche der Reisetasche gesteckt. Als ich die Kinder bei Marius ablieferte, habe ich mich nicht getraut, seine neue Wohnung zu betreten, während die Kinder direkt reinstürmten. Das war irgendwie zu abstrakt. Unsere alte Kaffeemaschine, die Küchenhandtücher, unser Garderobenständer, den wir in Lissabon gekauft hatten, unsere alten Barhocker, auf denen wir mit Freunden saßen – alles an einem neuen Ort, den ich nicht kannte. Ich habe ihm einfach nur die Reisetasche der Kinder in die Hand gedrückt und bin schnell die Treppen runtergelaufen.

Und plötzlich stand ich wieder auf der Straße in Berlin-Prenzlauer Berg. Ich minus zwei Kinder und schwere Reisetasche. Ich war frei. Aber gegen meinen Willen. Fühlte mich wie ein Tiger, der, nachdem er über 30 Jahre im Zoo gelebt hat, plötzlich von Peta-Aktivisten in die Wildnis gebracht wird und sich ernsthaft fragt, was die Aktion soll. Kein Jagdtrieb mehr, kein Feuer im Blick und große Traurigkeit beim Gedanken an das alte Gehege.

Aus lauter Negativ-Tatendrang ging ich zum nächsten Kiosk und kaufte mir eine Schachtel Marlboro Lights und ein Feuerzeug. Ich hatte seit der Schwangerschaft, also seit über fünf Jahren nicht mehr geraucht, und trotzdem war das der erste Reflex. Die erste rauchte ich noch im Gehen, für die zweite hasste ich mich schon, setzte mich dann in ein Café, bestellte einen Cappuccino und hasste mich noch mehr. Ich wusste tatsächlich so gar nichts mit mir anzufangen. Es war der perfekte Sommertag in Prenzlauer Berg. Eine warme Brise wehte, die Restauranttische waren voll, vor dem Eisladen «Annamaria» hatte sich eine Schlange gebildet, weiter hinten am Kollwitzplatz formte ein lustiger Clown Seifenblasen für juchzende Kinder, während die Eltern an den Marktständen gleich daneben Honigwachskerzen, Käse und Crémant shoppten. Ich trug dunkelblaue Sandalen und ein hellblaues Kleid. Ich wusste, vor nicht mal sechs Jahren, vor den Kindern, wäre es der perfekte Tag gewesen. An diesem Vormittag aber fühlte ich mich unvollständig. Ohne die Kinder bei Sonnenschein durch die Stadt zu flanieren, das fühlte sich nicht mehr richtig an. Mehr noch, es war seltsam und traurig, kein Schokoladeneis kaufen zu dürfen, keine Schaukel anzuschubsen, sich mit niemandem über die Seifenblasen und den Clown freuen zu können.

Kurzentschlossen rief ich meine Freundin Julika an. Sie ist alleinerziehend, hat aber eigentlich immer ihre Mutter oder ihren Bruder als Babysitter für ihren zweijährigen Sohn am Start. Wir kennen uns schon sehr lange. Sind durch Indien und Marokko gereist, haben einige Reportagen zusammen gemacht. Sie als Fotografin, ich als Autorin. Eines Tages stand sie mit einer Flasche alkoholfreiem Sekt vor meiner Tür. Ich war hochschwanger mit Lila und freute mich.

«Das ist aber aufmerksam», sagte ich zu ihr.

«Keine Sorge, ich bin auch schwanger», antwortete sie und mir fiel die Kinnlade runter. Mit dem Vater hatte sie genau ein Date gehabt. In New York. Typisch Julika.

Ich ließ es bei ihr klingeln, sie ging glücklicherweise ran. Kindergeschrei im Hintergrund.

«Juli, können wir uns treffen? Heute Abend oder jetzt?», fragte ich ohne große sentimentale Einführung oder ein «Hallo, wie geht's». Als Mütter sind wir es gewohnt, zeitökonomisch zu telefonieren, weil potenziell immer ein Kind am Bein hängt.

«Jetzt nicht und heute Abend habe ich keinen Babysitter», sagte Julika etwas genervt.

«Oh, nein», sagte ich noch genervter. «Aber wie kann denn das sein?»

«Ich hatte einen Job diese Woche und ein Date, das Babysitter-Pensum ist erschöpft.»

Wir diskutierten noch zehn Minuten rum. Sie fragte, warum ich nicht einfach zu ihr kommen konnte. Aber nein, das wollte ich auf keinen Fall. Ich ertrug ihren Terrible-Two-Sohn Tom nur, wenn meine Kinder dabei waren. Sind Julika, ihr Tom und ich zusammen, will Tom seine Mama für sich alleine haben. Und Julika hat dann diese schrille ermahnende Stimme, mit der sie nicht nur Toms, sondern auch meine Ohren taub macht. Mütter sind Brülltonnen. Selten entspannt. Immer mit suchendem Blick nach dem eigenen Kind, wenn sie auf einer Bank am Spielplatz sitzen. Ein Fahrrad, das verbotenerweise auf dem Gehweg fährt, könnte ihr Kleines auf seinem Laufrad umnieten. Ich erkenne meist sofort, ob es das erste, zweite oder dritte Kind von jemandem ist, weil pro Kind die Ausrüstung auf dem Fahrrad abnimmt. Das erste Kind trägt die volle Montur. Sogar Knie- und Armschoner. Eine hübsche Fahnenstange am Rahmen, damit die Autofahrer es sehen können. Das zweite Kind bekommt die Ausrüstung, die das erste nicht kaputt gemacht hat, das dritte trägt mit Glück noch einen Helm.

Julika und Tom sind ganz klar noch auf Kind-Nummer-eins-Niveau. Das Eis muss sofort vom Mund abgewischt werden, weil sonst die Bienen kommen. Die Sonnencreme muss

Ü-B-E-R-A-L-L verteilt sein und das Mittagessen um Punkt 12 Uhr stattfinden.

Mir war an diesem Tag aber nicht nach Miss-Punkt-12. Ich wollte mich wenigstens an meinem kinderfreien Tag entspannen. Und wenn ich Julika mit Tom sehe, denke ich an meine Kinder. An die Trennung und warum ich nicht bei ihnen sein kann. Ich konnte am ersten Wochenende ohne Kinder unmöglich Kinder sehen.

Julika schlug vor, dass wir am Abend ein Weinchen auf ihrem Balkon trinken könnten. Ich mäkelte noch herum, dass ich unter Leute will. Wir wollten später noch mal sprechen. Das würde jetzt sowieso nichts bringen.

Als ich meinen Cappuccino zahlte, fiel am Nebentisch ein Schnuller herunter. Ich hob ihn schnell auf.

«Danke», sagte die Mutter der knapp einjährigen Schnullerbesitzerin. Doch bevor ich das gute Stück überreichte, fiel mir etwas ein.

«Oh, warten Sie, ich mache ihn kurz sauber», sagte ich. Holte eine Plastikflasche Wasser aus meinem Beutel und ließ Wasser über das Mundstück laufen.

Die Mutter verzog das Gesicht. Sie streckte mir die Hand entgegen und wollte offensichtlich ihren Schnuller zurück. Ich trocknete ihn noch mit einem Kleenex ab und reichte ihn ihr.

«Wissen Sie, meine Tochter ist zwei», sagte ich.

«Wie schön», sagte sie verkniffen und stand auf.

Ich glaube, sie dachte, ich sei eine Baby-Entführerin. Ich würde jetzt ihr Kind nehmen und einfach weglaufen. Wenn du ein Baby hast, ist plötzlich die gesamte Umwelt ein potenzieller Feind. Das hat biologisch sogar einen Sinn, so werden Säuglinge gut geschützt. Hier in Prenzlauer Berg ist die Säuglingsphase allerdings bis zum 18. Lebensjahr verlängert worden. Eltern sind gegenüber Nicht-Eltern totale Sozialphobiker. Das merkte ich erst an Nachmittagen wie diesem, als ich plötzlich ohne Kinder unterwegs war.

Kein Kind heißt keine Club-Mitgliedschaft. Keine netten Café-Gespräche mit Fremden, keiner, der die Hemmschwelle überwindet und mit einem plaudert. Kinder eröffnen Gelegenheiten zum Quatschen wie Kollegen um ein Kuchenbuffet. Man fühlt sich wohl, man redet sinnloses Zeug, vor allem über die Qualität der Nussecken und der Cremeschnitten – der gemeinsame Nenner ist dabei entscheidend. Willst du im öffentlichen Raum mit Fremden ins Gespräch kommen, brauchst du einen Hund, besser noch ein Kind und dabei besser noch den Plural. Mutter-ohne-Kind zu sein machte mir keinen Spaß. Ich verschwand in der Masse, im Großstadtdschungel, als Passant unter Tausenden. Ohne Kinder fühlte ich mich, als hätte man mir die Daseinsberechtigung entzogen.

Ich war nur noch ein halber Mensch. Jahrelang hatte ich mich mit Sandspielzeug, Snacks und Lauffahrrad beladen mit zwei Kindern durch diesen Markt geschoben, heute war ich plötzlich wieder alleine da.

Mit der Zeit gewöhnte ich mir an, an solchen Wochenenden kinderlose Freunde zu treffen. Nichts zu machen, was entfernt mit Familie zu tun hat, mit Spielzeugen neben der Couch und vollen Einkaufstüten am Samstag.

Ich verbrachte anfangs viel Zeit mit Kowalski, meinem besten Freund. Wir gingen in Neukölln beim Türken essen, er nahm mich mit auf so manche Party, auf Vernissagen oder Lesungen – und ohne mich so zu verlieren wie früher, hatte ich wieder Spaß. Zeit mit Kowalski ist wie ein Nouvelle-Vague-Film, in dem über die großen Linien und das Nichts geredet wird. Die Übergänge zwischen «Ich habe Depressionen» und «Du solltest deine Haare ab jetzt nur noch geschlossen tragen» sind in unseren Gesprächen fließend. Ich war unendlich froh, dass er in dieser Zeit da war.

Auch mit Julika, auf deren Babysitter man in der Regel zählen kann, und mit anderen Freundinnen traf ich mich jetzt wieder öfter.

Oft arbeitete ich zwar tagsüber in der Redaktion, aber dann blieben wenigstens die Abende. Und plötzlich war da wieder Energie, die freigesetzt wurde, die Lust, eine Reise oder mal einen Wochenendtrip zu machen. Alleinerziehend mit Papa-Wochenenden zu sein fühlte sich beinahe an wie ein Privileg. Für den Vater und die Kids ist es gut, weil sie so einen Papa haben, der sich am Wochenende nicht hinter einer Zeitung oder vor der Bundesliga verstecken kann. Für die Mama ist es noch besser, weil sie den Papa nicht motivieren muss, mal am Familienprogramm teilzunehmen, und selbst komplett in den Tag hineinleben darf.

Ein bisschen kommt mir mein Alleinerziehendsein wie eine Post-Kleinfamilien-Ära vor. Was nicht das Schlechteste ist. Im Gegenteil.

Als die klassische Rollenverteilung zwischen Marius und mir zusammengebrochen war, konnte etwas Neues entstehen. Auf einmal war jeder mal dran, die Fünfziger-Jahre-Hausfrau zu spielen, wenn auch größtenteils ich. Aber Marius kann mittlerweile sehr gute Brathähnchen aus dem Römertopf zaubern und Zöpfe flechten. Ich arbeite wieder ganze Tage. Die Rama-Familie 2.0. Zwei Wohnungen zu haben und getrennt zu leben, hat mir auch viel Lebensqualität zurückgegeben. Man tritt sich weniger auf die Füße, man hat mehr Raum für eigene Notizen. Einige meiner Mütter-Freundinnen beneiden mich bis heute. Um die freien Wochenenden.

Es ist möglich, dass sich nach einer schwierigen Anfangsphase vieles zum Guten wendet. Mit Glück und Toleranz. Selbst wenn man zusammen ist, denke ich, ist freie Zeit für jeden Elternteil ein völlig unterschätztes Konzept. Kinder haben nichts von genervten, müden, sich streitenden Eltern am Wochenende. Dann soll doch lieber einer freimachen.

«Ihr macht nie etwas zusammen. Es ist doch egal, ob ihr getrennt seid, ihr könnt doch trotzdem etwas als Familie unternehmen», schimpfen meine Eltern oft. Warum?, denke ich dann. Weil die glückliche Familie beim Picknick im Park in die Hände klatschen muss? Eine herrliche Radtour im Wald auf dem Programm haben sollte? Ich bin im westdeutschen Reihenendhaus aufgewachsen und weiß, dass die Familie die kleinste Terroreinheit im Staat ist. Ich glaube nicht, dass Vater-Mutter-Kinder das Ticket ins Glück sind, sondern dass jede Familie ihre eigene Form finden muss. Eine Mischung von Bezugspersonen, Freunden, lieben Großeltern, die abwechselnd aufpassen. Eltern sind nicht dazu verdammt, immer mit ihren Kindern abzuhängen, nur weil das gesellschaftliche Normativ es so will. In gewisser Form ist alleinerziehend zu sein auch der Mut, eine andere Familien-Konstellation zu wagen, denke ich heute.

Geschrieben klingt das natürlich alles schön, aber ich kenne selbst die Eifersucht und das Festklammern, das die guten

Pläne wie eine klebrige Kinderhand verwischt. Und natürlich wiegen diese kleinen Vorteile einer Trennung die Nachteile nicht auf.

«Die Kinder sind vor dem Fernseher eingeschlafen?»

«Und davor haben sie noch Gummibärchen bekommen?»

«Sie haben die ganze Tüte gefunden, als du im Bad warst?»

«Die war dann leer?»

«Und, halt, wenn sie vor dem Fernseher eingeschlafen sind, dann haben sie ja auch keine Zähne geputzt?!»

So ungefähr war meine Reaktion nach dem ersten Wochenende der Kinder bei Marius. Nicht ganz so entspannt, wie ich es mir gewünscht hätte.

Der ewige Streitpunkt – Süßigkeiten und Medienkonsum. «Mir ist langweilig ohne Papa», maulte Lila schon eine Stunde nachdem wir Marius' Wohnung verlassen hatten. Ja, das ist dann ziemlich schwer für das Mutterherz, wenn sich so gar keiner freut, abgeholt zu werden.

Am Anfang dachte ich da «Aua», mittlerweile denke ich «Pech». Es gibt eben zwei Erziehungslinien, und die lassen sich trotz größter Bemühungen aller beteiligten Eltern nie ganz synchronisieren. Und es ist bei uns so wie bei vielen: Er spielt am Wochenende Disney-Dad, den lustigen Lila-Laune-Bär, dem bunte Zucker-Beruhigungs-Gummitiere aus jeder Tasche fallen, und ich darf Montagmorgen wieder die Müsli-Mutti spielen, die nicht so viele Rosinen erlaubt. Ich hetze die ganze Woche in meinem Bermuda-Dreieck aus Supermarkt, Redaktion und Zuhause hin und her, er darf in dieser Zeit meine Anrufe auf stumm schalten. Dafür leben die Kinder unter der Woche bei mir, anders wäre es für mich nicht vorstell- oder aushaltbar.

Dann bin ich halt Team-No-Fun mit Trockenfrüchten in der Handtasche und Körnerriegeln und lasse dem Papa sein Gummibärchenglas, wo jeder mal mit seiner kleinen Hand hineingreifen darf. Schließlich hat Marius auch die Sektion Zoo, Zirkus und Wildtiergehege fest im Griff, wofür ich ihm sehr dankbar bin. Tiere in Gefangenschaft sind nicht so meins. Außerdem verfalle ich bei Pantomime, Clowns oder Robben, die durch Reifen springen, in spontane Narkolepsie.

Ich stürze mich eher auf das Musische. Das Klavier, die Bücher, Heimwerken minus Basteln. Alles, wofür man nicht rausgehen muss. Ich hasse es, Fleisch zu kochen, er liebt die Zubereitung des Sonntagsbratens. Er hat eine Dusche, ich die Badewanne. Bei ihm haben die Kinder ein Hochbett, bei mir ein Indianerzelt.

Und so entstehen im Laufe der Zeit tatsächlich Kompromisse. Zwei Erziehungsrichtlinien, erstellt mit dem nötigen pragmatischen Egoismus im Dienste der eigenen Vorlieben. Jesper Juul und die Super-Nanny würden im Dreieck springen, wenn sie von uns wüssten. Wer soll denn Erziehungsratgeber kaufen, wenn die Eltern nicht mehr alles ganz so ernst nehmen, die Kinder nicht mehr nervig sind und die getrennten Eltern nicht mehr streiten? Wenn jeder eine Banane isst und ausnahmsweise mal durchatmet. Wenn jeder, ob Vater oder Mutter, die metaphorische Nabelschnur durchschneidet und den anderen machen lässt.

Und das Scheidungskind in dir weint

Ich hatte noch vier Stunden, bis die Kinder aus dem Kindergarten abgeholt werden mussten. UND DAS WAR NICHT VIEL. Also versuchte ich, die Zeit möglichst effizient zu nutzen und ohne Ablenkung die allerletzten Kartons auszupacken. Eindimensional denken, nicht von Sachen links und rechts ablenken lassen. Wir wohnten nun knapp zwei Monate in der neuen Wohnung, aber ein paar letzte Kartons standen noch herum, und ein paar Regale für die Kinder fehlten auch noch. Heute wollte ich endgültig einen Schlusspunkt unter das Kapitel Umzug setzen.

Wer nach einem Umzug anfängt, alte Fotostapel zu sortieren, holt auch die Kleenex-Box aus dem Bad und irgendwann den Wein aus dem Kühlschrank. Also hieß es, möglichst gefühllos Kisten zu beseitigen, sie aufgefaltet an die Wand zu stapeln und keine Minute zu verschwenden.

Ein Karton mit Spielsachen, der zweite mit Kinderbüchern, für die ich noch kein Regal hatte. Ich klappte den Karton auf, und als ich schon die Hälfte der Bücher völlig konzeptlos in einer Ecke des Kinderzimmers gestapelt hatte, stellte ich fest, dass es sinnlos war.

Ich sprach in Gedanken mit Marius. Ich hörte ihn sagen: «Da muss jetzt erst einmal ein Raumkonzept her.» Dann sah ich ihn vor meinem geistigen Auge, wie er sein kleines schwarzes Moleskine-Buch schnappte und anfing, Skizzen zu machen. Das ist sein Hobby. Räume gestalten. Und er macht das richtig gut. In wenigen Wochen hatte er unsere letzten zwei Wohnungen eingerichtet. Ein Wohnzimmer, bei dem *Schöner Wohnen*-Redakteure Herzrasen vor Entzücken bekommen hätten. Marius hätte die Regalsituation hier sofort im Griff gehabt, wäre mit mir zu IKEA gefahren, hätte meinen Stress mit seinem milden Lächeln, seinem soliden Pragmatismus und seiner Kreditkarte gelöst. Marius hatte die vergangenen Jahre eine sympathische Ordnung in mein Leben gebracht. Nicht in den Haushalt, aber in puncto Clean Design schon. Das fehlte mir. Konnte eine Rosales das überhaupt schaffen? Konnte ich Inneneinrichtung? Das musste ich jetzt leider erst noch herausfinden.

Eine halbe Stunde später schnappte ich mir ein car2go, fuhr zu IKEA in Lichtenberg und schob einen Einkaufswagen durch die Markthalle. Und nein, ich brauchte nicht JETZT UNBEDINGT das Regal, sondern eher den Kulissenwechsel.

Während ich das Besteckset «Förnuft» in den Wagen packte, realisierte ich, dass ich das erste Mal alleine zwecks Wohnungseinrichtung bei IKEA unterwegs war. Wann immer ich in meinem Leben eine Wohnung bezogen hatte, sogar meine erste als Studentin, war der jeweilige Kerl dabei gewesen. Das wurde mir jetzt klar. Das erste Mal war naturgemäß das schönste gewesen, weil man noch an das Billy-Regal für die Ewigkeit glaubte. Wir waren jung und aufgeregt – es war schließlich die erste gemeinsame Wohnung. Doch jetzt stand ich hier alleine.

Ein IKEA-Bilanzbesuch sozusagen. 15 Jahre später und kurz vor dem Negativorgasmus. Ich sah mich von außen. Leggins, Ballerinas, T-Shirt. Meine Haare offen, um den fettigen Ansatz zu kaschieren.

Ich beäugte das junge Pärchen, das neben mir am Besteckset-Stapel stand, von oben bis unten. «Ihr werdet schon sehen», dachte ich und fühlte mich wie eine zynische alte Kuh. Etwas später packte ich den Scheiß aus der immer gleichen blauen Plastikeinkaufstüte in den Kofferraum des Leihautos und stellte fest, dass ich nicht einmal nach dem Regal geschaut hatte, für das ich JA EIGENTLICH hergekommen war. Der Klassiker. Noch zwei Stunden bis Kindergartenschluss. Ich fuhr gerade über die Landsberger Allee, als meine Mutter anrief, und witterte meine Chance.

«Mama, kannst du die Kinder abholen?», fragte ich direkt.

«Ja, schon. Aber ich bin noch in Charlottenburg ...»

«Egal», sagte ich. «Ich will nicht, dass sie warten. Nicht heute.»

«Ja. Die armen Kleinen, wenn der Papa nicht zur Stelle ist ...», gab meine Mutter zurück.

Ich schnappte nach Luft.

«Mama, ich bin auch ein Scheidungskind!»

«Ja, schon, aber du warst älter.»

Ich musste mich zusammenreißen, um nicht auszuflippen, und versuchte, das Gespräch zu beenden.

«Mama, ich sitze im Auto und habe keine Freisprechanlage.»

«Ja, gut.»

«Tschüüüs, bis später.»

Ich legte auf und warf das Handy genervt auf den Beifahrersitz. Eltern verstehen wirklich gar nichts. Die Verbindung von mir als Kind zu ihren armen schutzbedürftigen Enkelkindern zu ziehen kam meiner Mutter scheinbar gar nicht in den Sinn. Sicher, es ist noch eine andere Generation. Man muss sich vorstellen, dass die Menschen lange Zeit keinen besonderen Sinn darin gesehen haben, als Paare regelmäßig miteinander zu reden. Der Hof, die Arbeit, die Kinder, die Nachkriegsjahre, später die Vorstellung, dass Ehe halt so sein muss. Und SIE ohne SEIN Gehalt nicht über die Runden kommt. Erst Ende der Sechziger wurden die Partner ganz allmählich und längst nicht überall unabhängiger voneinander, die Frauen selbstbewusster. Was zu der Geschichte meiner eigenen Eltern führt. Meine Generation musste die erste große Scheidungswelle ihrer 68er-Eltern durchmachen. Bis heute wird jede zweite Ehe geschieden – aber wir sind die erste erwachsene Generation, die davon geprägt wurde. Selten positiv.

Interessanterweise ist damals, als meine Eltern sich scheiden ließen, nie irgendjemand zu mir gekommen, weder meine Lehrer noch die Großeltern, geschweige denn meine Eltern, und hat mal gefragt: «Wie geht es dir eigentlich damit?»

Das Problembewusstsein, dass es dem Kind nach einer Scheidung eventuell auch seelisch schlecht gehen könnte – es hat ja trotz allem immer noch beide Eltern und ein Dach über dem Kopf – bestand überhaupt nicht. Neulich habe ich in einem Magazin über die ersten Langzeitstudien zu mittlerweile erwachsenen Scheidungskindern gelesen. Und obwohl ich es bereits angenommen hatte, war ich sehr überrascht, wie schwerwiegend die psychologischen Folgen laut der Auswertungen sein können. Die Rede ist vom Gefühl ständiger Überforderung, von pathologischen Verlustängsten, diffusen Wut- und Eifersuchtsgedanken bis hin zu Depressionen. Ich spüre manchmal Anzeichen davon. Schon mein ganzes Erwachsenenleben. Dass ich wegen Nichtigkeiten eifersüchtig werde, dass ich Angst um Freunde habe, Angst, meine geliebten Menschen könnten mir den Rücken kehren und aus meinem Leben verschwinden.

Schon oft habe ich mit meiner Freundin Laura darüber gesprochen, mit der ich aufgewachsen bin. Sie hat ebenso die Trennung und Scheidung ihrer Eltern miterlebt. Unsere Mütter waren beste Freundinnen. Sie war mit 15 Jahren magersüchtig, kam deshalb in Therapie. Später, mit Anfang 20, ging sie erneut zu einem Psychologen, um eine Familienaufstellung zu machen.

Eine Therapie wegen meines Vaters machen, wegen meiner Mutter, wollte ich nie.

«Du musst das Thema angehen», drängte mich Laura immer. «Du musst das aus deinem System bekommen.»

Ich nickte zwar, aber überzeugt war ich nicht. Haben nicht viele junge Frauen einen Daddy-Komplex oder sind übertrieben misstrauisch gegenüber Männern? Muss das gleich therapiert werden? Damals befand ich: Nein. In meiner jetzigen Situation musste ich plötzlich öfters an sie denken und an unser Gespräch. War meine Ehe gescheitert, weil ich alte Ängste nicht abgelegt hatte? Oder sogar weil ich es selbst gewohnt war, mit einer alleinerziehenden Mutter zu leben, und meine alte Struktur zurückhaben wollte?

Als meine Eltern sich scheiden ließen, war ich elf Jahre alt. Sie haben bis heute die Eigenschaft, sich niemals vor uns Kindern zu streiten, auch nicht vor den Enkeln. Wenn sie sich sehen – und das passiert nur bei Familienfesten –, strafen sie sich gegenseitig lieber mit Nichtbeachtung, als ein böses Wort laut zu sagen. Ein Teil in mir findet das bewundernswert und rücksichtsvoll, ein anderer hätte sich den offenen Konflikt gewünscht.

Denn so hatte ich als Kind nicht einmal gemerkt, dass meine Eltern dabei waren, sich zu trennen. Alles schien so normal, unser Reihenendhaus mit großem Garten, der herumstreunende Kater, an Sonntagen das Hühnchen aus dem Backofen. Meine Eltern waren 25 Jahre verheiratet, sie schienen unverwüstlich. Sie lachten viel zusammen, ich sehe sie noch vor mir, wie sie im Wohnzimmer Musik anmachten und spontan tanzten. Wie sie Freunde zu Hause bekochten. Wie sie abends gemeinsam vor dem Fernseher saßen.

Und dann erinnere ich mich, dass wir mit meinem Vater schwimmen waren, an einem Nachmittag im Freibad, nicht weit weg von unserem Haus, als er zu mir und meiner Schwester sagte: «Ich habe mir eine Wohnung gesucht. Ich werde woanders wohnen für eine Weile. Aber ihr könnt mich immer besuchen.»

Meine Schwester saß neben mir am Beckenrand. Wir trugen beide den gleichen bunten Kinderbadeanzug. Ich traute mich nicht, sie anzusehen. Für mich war es in diesem Moment, als hätte in mir jemand das Licht ausgeknipst. Ich hörte die Wörter «Wohnung», «besuchen», «eine Weile» zwar, glaubte meinem Vater aber kein Wort. Ich fühlte mich von dem Konflikt meiner Eltern beschmutzt und wollte mit dem seelischen Schlick meiner Eltern nichts zu tun haben. Doch plötzlich war alles offengelegt – ihre Fehlbarkeit, ihre Unehrlichkeit, ihre Sexualität.

«Ich werde für eine Weile woanders wohnen.»

An dieser Formulierung war, auch wenn ich das noch nicht ahnte, wirklich alles gelogen. Ich traute mich nicht zu fragen, ob er dort alleine wohnte, wie lange diese Weile eigentlich war. Schon mit elf Jahren schienen mir diese Sätze so, als würden sie aus einem einschlägigen Ratgeber stammen. Titel: «Wie sage ich es meinen Kindern?». Auch die nächsten Jahre kam ich mir – auf gut Deutsch – komplett verarscht vor. Wie es für meine Schwester war, weiß ich nicht. Wir haben tatsächlich nie darüber gesprochen. Ich für meinen Teil war wie schockgefroren von der Vorstellung, dass es eine Welt geben könnte, in der mein Vater meine Mutter nicht liebte. In den nächsten Jahren verging keine Nacht, ohne dass ich nicht wenigstens kurz vor dem Einschlafen an meine Eltern dachte.

Irgendwann später kam raus, dass mein Vater eine neue Freundin hatte. Die Vorstellung ekelte mich an. Mein Vater mit einer anderen Frau im Bett. Gerade abends drückte diese Vorstellung auf meinen Brustkorb wie ein böser Dämon. Ich wollte es mir nicht vorstellen, doch mein Unterbewusstsein, meine Träume spielten mir einen Streich.

Im Laufe meiner Pubertät lernte ich mein Päckchen an Schmerz wie ein imaginäres Haustier an der Leine neben mir zu halten. War ich traurig, konnte es sich an meinem Elend vollfressen und wieder größer werden. An den guten Tagen, wenn ich mit Freundinnen Spaß hatte oder ein bisschen verliebt war, schrumpfte es so sehr, dass ich es kaum noch wahrnahm. Nur weg, weg ging es nie.

Stattdessen baute ich eine Skepsis gegenüber den Jungs in meiner Umgebung auf. Ich erinnere mich, dass da manchmal

Verehrer waren, sogar ziemlich entschlossene, die mir den Hof machten. Doch ich ging niemals auf sie ein. Ich vermute, dass ich die armen Jungs stellvertretend für meinen Vater leiden lassen wollte, den ersten Mann, der mich verlassen hatte. Meinen ersten Freund, mit dem ich dann länger zusammen war, hatte ich mit 16 Jahren.

Interessanterweise war auch er ein Scheidungskind, der seinen eigenen Vater dafür hasste, dass er seine Mutter im Stich gelassen hatte. Einmal erzählte er mir abends auf dem Weg zur Bushaltestelle, dass er als Sechsjähriger seiner Mutter dabei zugesehen hatte, wie sie auf den Umzugskartons sitzend weinte. Das Bild hatte sich in seinen Kopf eingebrannt.

Mein Jugendfreund und ich trennten uns irgendwann nach dem Abitur, doch bis heute sind wir Freunde. Komplizen könnte man auch sagen.

Was mich besonders getroffen hat, war der Übergang von einem Alltag, in dem ich meinen Vater jeden Tag nach dem Aufstehen gesehen habe, hin zu einer Situation, in der wir uns einmal die Woche, wenn überhaupt, gesehen haben. Ich verharmloste im Inneren, dass mich das verletzte.

Jahrelang holte uns mein Vater donnerstags nach der Schule ab. Dann gingen wir im immer selben «Maredo»-Steakrestaurant in der Bonner Innenstadt essen. Meistens hatte mein Vater nicht viel Zeit. Halb vier schien seine zeitlich eingebaute Grenze zu sein.

Dann hatte er immer was anderes: einen Kurs, einen Termin, irgendwas Berufliches, gegen das man (gerade als Kind) nichts sagen konnte. Damit der Abschied nicht so schwer fiel und sich nicht zu lange hinzog, gab es meistens noch ein Taschengeld auf die Hand. Anfangs war ich enttäuscht, dass wir kaum Zeit zum Reden hatten, doch irgendwann stellte die pragmatisch gepolte Seite in meinem Gehirn diese Gefühle ab, und ich begann mir auszumalen, was ich wohl im Anschluss an das Treffen mit dem Geld kaufen könnte. Die jeweils aktuelle Freundin meines Vaters hatte seine volle Aufmerksamkeit, seine Töchter nie. Das tat weh, aber im Gespräch war da kein Durchkommen zu ihm. Also nahm ich, was da war. Im Zweifel das Taschengeld.

Meine Freundin Maria hat eine relativ ähnliche Vorgeschichte mit ihrem Vater.

Einmal saßen wir rauchend im Sommer auf ihrem Balkon und kamen auf das Thema. «Ich habe nie verstanden, was daran so schwierig ist, eine echte Beziehung zu seiner Tochter zu pflegen», sagte sie. «Es ist doch leicht. Man fragt einfach: ‹Wie geht es dir? Wie läuft es in der Schule? Hast du Liebeskummer? Soll ich jemanden verhauen für dich? Brauchst du Hilfe mit einem Lehrer? Was denkst du über deine berufliche Zukunft? Sollen wir dich für ein Praktikum in den Sommerferien irgendwo anmelden? Was denkst du über das Leben? Bist du glücklich?› Dann geht das doch fast von alleine.»

Ich musste lächeln, als Maria an diesem Nachmittag immer mehr Fragen einfielen. Sie hatte ja recht. So schwer ist das doch alles nicht. Aber von meinem Vater kam nichts. Und schlimmer noch, ich betrachtete meine Eltern irgendwann nicht mehr als die richtigen Ansprechpartner für meine Zukunft. Dafür waren beide zu sehr mit ihren neuen Lebenspartnern beschäftigt. Ihr zweiter Frühling und ihr Anti-Karriere-Hippie-Esprit gingen mir auf die Nerven. Also nahm ich mit 15 einen Nebenjob nach der Schule an. Immer ab 14 Uhr saß ich an drei Nachmittagen die Woche an der Kasse eines großen Drogeriemarktes in der Bonner Altstadt. Bald verdiente ich auf Mini-Job-Basis 700 Mark im Monat und war für eine Schülerin steinreich. Ich eröffnete mein eigenes Bankkonto und schloss sogar einen Handy-Vertrag ab, was im Jahr 1997 noch eine sehr große Sache war. Damals hatten vielleicht zwei Mädels in meiner Stufe ein eigenes Handy. Später ging ich kellnern, meistens tagsüber an den Wochenenden – ohne eigenes Geld war ich seitdem nie wieder, bis die Kinder kamen und das Elterngeld ausgelaufen war.

Ich habe versucht, mir selbst Sicherheit zu schaffen, weil es ein Elternhaus, das mich auffing, in der Form nicht mehr gab. Absurd wurde es, als ich mit meinem selbst verdienten Geld sogar meine Mathe-Nachhilfe für das Abitur bezahlte.

Ein befreundeter Psychologe hat mir einmal gesagt, das seien alles Handlungen einer zu früh beendeten Kindheit. Vielen Scheidungskindern gehe es so. Sie verlieren das Vertrauen in die Eltern, die zu sehr mit dem Zusammenkehren ihrer eigenen Scherben beschäftigt sind.

Auch im Studium finanzierte ich mich selbst. Hatte ich Geldsorgen, und das war eigentlich jeden Monat der Fall, waren meine Eltern die allerletzte Anlaufstelle. Nicht weil ich zu stolz gewesen wäre, sondern weil ich wusste, dass sie in erster und zweiter Instanz versuchen würden, mich abzuwimmeln. Sprich: Dass ich auf sie nicht zählen konnte. Für sie hat es sich sicher anders angefühlt. Meine Eltern dachten: Caroline, die ist so stark, so selbständig. Die schafft das alleine. Probleme wurden immer gerne übersehen zugunsten einer harmonischen Grundatmosphäre.

So schwer der Auszug meines Vaters für mich als Jugendliche war, kann ich doch nicht abstreiten, dass sich einige Dinge in unserem neuen Alltag zum Positiven veränderten. Kaum war der männliche Taktgeber mit dem Befehlston verschwunden, war da ein Stück mehr Leichtigkeit, wenn auch der alte Streit ums Badezimmer zwischen sieben und halb acht Uhr morgens blieb. Die Wohnung war oft latent unaufgeräumt, aber gemütlich. Es gab keinen mehr, der die Schuhe an der Tür nicht auszog oder Sportsendungen schaute. Die Dinge, die, so wie das Klischee es will, männlich konnotiert sind, waren aus unserer Welt verschwunden – und für mich hatte das etwas weniger Aufdringliches, etwas Ästhetisches und Angenehmes. Ich mag keine Sportsachen, die jemand nach dem Laufen auf die Waschmaschine geknallt hat, keine Mettwurst im Kühlschrank, und ich mag auch nicht, dass jemand laut lacht, wenn er gerülpst hat und ich mich beschwere. In den guten Momenten lebten wir in einer WG aus Mutter und zwei Töchtern, in der eine angenehme Harmonie herrschte. Ich schätze seitdem sehr viel mehr jene Männer, die Rücksichtnahme im Alltag auf ihrer Agenda haben.

Wenn man mich damals direkt nach dem Aufwachen gefragt hätte, wer meine Familie ist, hätte ich immer gesagt: meine Mutter und meine Schwester. Familie, das waren also wir drei und unser Kater. Wir schauten abends zusammen Filme, und als meine Schwester und ich älter wurden, ließ uns unsere Mutter – unter ihrem mahnenden Blick – manchmal sogar eine Zigarette auf dem Balkon rauchen. Später fand ich eine ähnliche Stimmung in einigen Pedro-Almodóvar-Filmen. Der spanische Regisseur kommt in seinen Arbeiten immer wieder auf dasselbe Thema zurück: die Frauen. Seine Mutter, Tanten und die anderen Frauen im Dorf, die ihn großzogen. Die Männer sind in seinen Filmen seltsam abwesend oder nur als Söhne dargestellt. Die Väter sind dagegen abgehauen, Alkoholiker oder tot in einer Tiefkühltruhe, wovon aber keine der Frauen großes Aufheben macht.

Jeden Morgen schaute ich meiner Mutter als Heranwachsende dabei zu, wie sie, eine zierliche Frau, das schwere Rollo zur Terrasse aufzog, um den Kater von seiner nächtlichen Runde hereinzulassen. Vor ihrer Trennung hatte das mein Vater gemacht, weil meine Mutter sagte, es sei zu schwer für sie. Das war der tägliche Helden-Moment meines Vaters, er war der starke Mann und sie die schwache Frau. Als er ausgezogen war, machte sie es dann selbst, ohne darüber nachzudenken. Sie konnte das schwere Rollo alleine mit einer Hand aufziehen. Ohne es zu merken, war sie über sich selbst hinausgewachsen. Sie war plötzlich stärker, schöner, spröder.

Und so geschah es, dass meine Mutter zu der Frau wurde, die ich gerne später sein wollte. Nicht die Hausfrau meines Vaters. Sondern eine Frau, die arbeiten ging, einen schicken Trenchcoat trug und eine 55-jährige Frührentnerin als Kinderfrau für ihre Mädchen eingestellt hatte. Ich war so stolz auf sie.

Meine Mutter war Mitte 40, als sie sich scheiden ließ. Zu meinem 18. Geburtstag wünschte sie mir Gesundheit, Erfolg, aber vor allem Liebe. So stand es zumindest auf der Karte zu meinem damaligen Freudentag. Wie absurd mir das erschien – strahlte meine Mutter ohne meinen Vater doch wie nie zuvor. Vielleicht ziehe ich einen Teil der Kraft und der Selbstverständlichkeit, alleinerziehend zu sein, aus der Erinnerung an die Stärke, die meine Mutter nach der Trennung ausgestrahlt hat.

Meine Mutter, die es trotz der Schwere der Situation geschafft hat, uns Freude am Leben zu vermitteln.

«Heirate den Traumprinzen», sagt das Märchenbuch. Meine Eltern wiederum erklärten mir gebetsmühlenartig, dass ich als Mädchen aus eigener Kraft alles erreichen konnte, was ich wollte. Als Mädchen, das in den achtziger Jahren geboren wurde, waren solche Widersprüche an der Tagesordnung. Wir wuchsen mit Disney-Prinzessinnen auf, doch meine Freundinnen und ich waren längst cleverer, als die Industrie uns haben wollte. Dass sich die immer Bücher lesende Belle aus «Die Schöne und das Biest» trotz ihrer offensichtlichen intellektuellen Fähigkeiten für das Schloss und den Prinzen entscheidet, fanden wir süß, aber irgendwie auch unlogisch und schlecht geplottet.

Und da liegt doch genau der absurde Drehpunkt, in dem viele meiner Freundinnen und ich seit jeher gefangen sind. Wenn wir in unsere Spielzimmer schauten, tobte da das klassische Familienmodell. Das Barbie-Traumhaus, die Petz-Familie, die Bücher von Astrid Lindgren, in denen Papis und Mamis Ehe so schön ist, dass sie zusammen jedes ihrer Babys baden.

Schauten wir aber aus unseren Kinderzimmern heraus ins Wohnzimmer auf die Verhaltensweisen unserer Eltern, sahen wir da oft nicht so glückliche Menschen.

Da waren ja nicht nur meine getrennten Eltern. Da waren auch die Elternpaare meiner Klassenkameraden auf den Schulfesten, die sich ständig schnippische, wenig nette Kommentare zuwarfen, diejenigen, die sich ignorierten, oder die Väter, die später meiner frisch geschiedenen Mutter ganz heimlich einen Kaffee ausgaben.

«Ich bin traurig, dass dein Vater weg ist», sagte meine Mutter nach der Trennung zu mir. Aber je länger die Trennung zurück lag, umso mehr sprachen ihre Augen eine andere Sprache. Für mich als Heranwachsende drängte sich irgendwann der Verdacht auf, dass meine Mutter es für angebracht hielt, mir und ihrer Umwelt gegenüber Trauer zu signalisieren, doch irgendwann nahm ich es ihr nicht mehr wirklich ab. Für mich erschien die Ehe zunehmend wie ein Etikettenschwindel.

Einer der Gründe, warum so viele meiner Freundinnen und Bekannten heute alleinerziehend sind – und gerade in Großstädten wie Berlin, München, Köln und Hamburg sind es erstaunlich viele –, liegt sicher auch in dieser doppelbödigen Erfahrung: seelische Verwundung auf der einen Seite, die Kraft unserer Mütter auf der anderen Seite.

Ich parkte das Auto und lud die IKEA-Tüte aus dem Kofferraum aus, als mich plötzlich das Gefühl überkam, ungerecht meiner Mutter gegenüber zu sein. Meine arme Mutter, sie wollte, dass ich heirate, ein Haus baue, einen Baum pflanze. Sie wollte, dass mir all das gelingt, was sie für sich selbst trotz allem gewollt hatte. Sie wünschte sich für mich ihr angestrebtes Happy End. Was für ein absurdes Missverständnis: DABEI BEWUNDERTE ICH DOCH IMMER IHRES!

Als ich oben in der Wohnung ankam, wollte ich sie sofort anrufen, beschloss dann aber, zunächst die Sachen auszuräumen. Zum ersten Mal fühlte es sich weniger schlimm an, alleine zu sein. Der Gedanke an meine Mutter machte mir unerwartet Hoffnung. Und das war ein brandneues Gefühl für mich.

Ich habe festgestellt, dass erwachsene Scheidungskinder

dazu neigen, ständig überzukompensieren. Entweder versuchen sie, ihre Beziehung zu Tode zu optimieren, damit sie nicht von ihrem Partner verlassen werden. Oder sie lassen in einer Beziehung den anderen von Anfang kaum an sich heran, aus Angst verletzt zu werden. Auch ich hatte eine langjährige Beziehung, für die ich mich komplett veränderte, nur damit es gut lief. Ich ging weniger aus, akzeptierte sein Bedürfnis nach Häuslichkeit, hatte zu unliebsamen Freunden weniger bis gar keinen Kontakt mehr. Als ich die Beziehung nach drei Jahren beendete, war das plötzlich wieder ich. Unverbesserlich ich. Es fühlte sich an wie ein Befreiungsschlag. Doch auch mit der zweitgenannten Art von Überkompensation habe ich Erfahrung. In die eine oder in die andere Richtung, vom einen ins andere Extrem schwingt das Pendel, ohne jemals komplett von der ihm innewohnenden Ambivalenz loszukommen. Nur die Mitte, das Geerdete, das Ehrliche erreicht unsereins selten.

Während ich also darüber nachdachte, ob die Ehe vielleicht einfach nicht für jeden Menschen gemacht ist, packte ich weiter Einkäufe aus und sortierte das neue IKEA-Besteck in den dazu gekauften Besteckkasten ein. Trotz der Disneysierung der Kindheit, trotz aller Rollen-Klischees, so überlegte ich, kann man doch nicht gießkannenartig eine Beziehungsform auf uns alle ausschütten. Was ist, wenn ich gar nicht für eine Beziehung tauge? Was ist, wenn es Menschen gibt, die ohne Partner leben wollen, und ich dazugehöre? Nach der Trennung vom Vater meiner Kinder war ich zum ersten Mal in meinem Leben richtig Single – ohne die Möglichkeit einer kleinen Flucht, ohne einen Verehrer, der um die Ecke wartete. Vielleicht war das meine Chance, das Alleinsein zu lernen. Zumindest das Ohne-Partner-Sein.

«Deine Priorität sind jetzt die Kinder und sonst nichts», hatte mein Vater vor Wochen zu mir am Telefon gesagt. Ich merke mir solche Sätze, obwohl ich meinem Vater nicht gerne zuhöre. Dafür ist unser Verhältnis bis heute zu belastet.

Ich schnappte mir meine Tasche. Es war Zeit, die Kinder abzuholen. Als ich die Treppe herunterrannte und aus dem Haus stürmte, hielt mich ein großer Mann Mitte 50, dem Aussehen nach ein Türke, kurz hinter der Haustür auf.

«Hallo ... Sie sind vor Kurzem hier eingezogen», sagte er und lächelte.

Ich blieb auf der Straße stehen.

«Das stimmt. Meine Kinder und ich. Waren wir zu laut?»

Ich musterte ihn, es war der Verkäufer vom Döner-Laden unten im Haus.

Er schüttelte den Kopf.

«Nein, ich wollte Sie zum Essen einladen. Als Willkommen.»

Ich war gerührt und entschleunigte zu meiner Überraschung sofort. Ich konnte ihn da nicht stehen lassen. Diese Einladung – das war so alte Schule. Ich schaute auf die Uhr. Ich hatte noch 15 Minuten, um pünktlich zum Abholen im Kindergarten zu sein. Drei Minuten später saß ich mit einem Ayran-Joghurt und einem Teller Dönerfleisch mit Salat auf einem Barhocker mit Plastikpolster an einem Stehtisch.

«Schmeckt gut», sagte ich.

Der Mann, der sich mir als Abbas vorgestellt hatte, nickte. Er kam ursprünglich aus Kobane. Wir redeten über seine Heimat, über den Krieg in Syrien. Sein Imbiss mache jeden Tag um drei

Uhr nachmittags auf, erklärte er mir. Ich war an diesem Tag sein erster Gast.

«Sie wohnen mit den Kindern?», fragte er mich.

«Ja, genau», sagte ich.

«Und der Vater?», fragte er.

«Wir sind getrennt. Aber Sie sind verheiratet, richtig?», fragte ich ihn schnell, um das Thema zu wechseln.

«Ja», sagte er und lächelte. «Nächstes Jahr 30 Jahre.»

«Oh», entfuhr es mir. «Das ist aber schön.»

In Gedanken rechnete ich nach, dass ich wohl in diesem Leben nie mehr so lange verheiratet sein könnte. Auch wenn ich jetzt ganz schnell jemanden kennenlernen würde. Aber das war auch okay.

Ich schaute aus dem Fenster und dachte an einen typischen abendlichen Dialog in meiner Ehe. «Schon wieder Netflix? Gibt's nicht was anderes?» – «Doch, aber ich will ‹Narcos› gucken.» – «Dann gehe ich ins Bett.» – «Okay, gute Nacht.»

Ich war nicht auf die Mittelmäßigkeit, die eine Ehe beinhalten kann, vorbereitet gewesen. Die Tage, an denen nichts weiter passiert als ein sachlicher Schmatzer auf die Wange und ein bisschen Smalltalk.

Noch drei Gabeln Dönerfleisch, dann war die Anstandsportion geschafft. Ich schaute wieder aus dem Fenster, stellte meinen Blick dabei aber auf unscharf. Vielleicht, dachte ich, sollte ich wirklich alleine sein. Wenigstens eine Weile.

Was suche ich? Und wenn ja, wie viele?

Und dann kam mein erster Geburtstag nach unserem Umzug. Es gab keine Feier, kein Konfetti, keinen Schnaps. Nur meine Freunde Juli, Maria und Kowalski waren zum Essen da.

Zu meinem Entsetzen war ich über Nacht 35 Jahre alt geworden. 34 Jahre, das ging ja noch, aber 35 – das war plötzlich irgendwie eine ernste Sache. Je älter ich werde, desto stärker bekomme ich eine Ahnung davon, was es bedeuten könnte, eine Entscheidung oder vielleicht einen verpassten Moment für immer zu bereuen.

Ich begann zum Beispiel um meinen 35. Ehrentag herum zu glauben, dass es Menschen geben könnte, die nicht durch Versehrtheit oder Alterungsprozesse ihres Körpers sterben, sondern dadurch, dass sie an der Summe ihrer über ein ganzes Leben angehäuften Fehlentscheidungen zerbrechen. Sie werden ruhiger, lebensmüder, nicht weil sie körperlich leiden, sondern weil sie es mit der Endgültigkeit, ihrer Trauer und mit sich selbst nicht mehr aushalten. Am Ende des Lebens hat das Überspielen von Situationen, das Ablenken von sich selbst ein Ende. Jeder Revisionismus vor den eigenen Kindern, Geschwistern und Freunden ist gescheitert, mit der Mobilität und dem Drang nach Neuem nimmt es ein Ende – ab da heißt es aushalten, wenn man es kann.

«Ich habe mal wieder eine depressive Phase», sagte eine Kollegin kurze Zeit später zu mir. Wir machten uns gerade auf den Weg in die Mittagspause.

Ich war erschrocken.

«Was? Wirklich?»

«Ja. Aber das ist normal. Ich habe früh meine Mutter und meine große Liebe verloren. Es kommt immer wieder und wird ein Teil von mir bleiben.»

Ich nickte nur. Für immer bereuen, für immer grübeln, weil man die falsche Ausfahrt genommen, die Abzweigung verpasst hat – die Vorstellung ist so real und unerträglich.

Das schlechte Gewissen, die Angst, meinen Kindern mit der Trennung nichts Gutes getan zu haben, kam immer wieder hoch. Die ganze Beziehung zu ihrem Vater – war ich jahrelang auf dem Holzweg unterwegs gewesen? Dann fragte ich mich wiederum manchmal, ob ich nicht womöglich doch selbst glücklicher gewesen wäre, wenn ich einfach mit Marius zusammengeblieben wäre, und das, obwohl ich tief in mir wusste, dass Zusammenbleiben überhaupt keine Option gewesen wäre, dass ich daran kaputtgegangen wäre. Das ewige Pendel.

Meine französische Großmutter hatte sieben Kinder, drei von ihnen sind im jungen Erwachsenenalter gestorben. Sie hat ihre Kinder in Frankreich auf dem Land großgezogen, während und nach dem Zweiten Weltkrieg. Das Leben muss bitter und hart gewesen sein. Ohne Waschmaschine, ohne Zentralheizung, ohne Aussicht, die eigenen Träume leben zu können.

Kurz vor ihrem Tod hatten wir einen ungewohnt offenen Moment. Ich war Anfang 20 und zu Besuch bei ihr, in einem Dorf namens Anor nahe der belgischen Grenze, wo ein Großteil meiner Familie bis heute lebt. Mit meiner Großmutter einfach mal ein bisschen zu plaudern war nie einfach. Sie hatte nicht nur sieben Kinder, sondern auch 15 Enkel. Ich kam auf ihrer Prioritätenliste wahrscheinlich irgendwo auf Platz 65, bestenfalls noch vor ihrem Jagdhund Ripp, der mit ihr auf dem Bauernhof lebte, niemals ins Haus durfte, dem sie aber morgens Leberwurstbrote schmierte. Sie erzählte mir mit ihren fast 90 Jahren, dass sie morgens immer sofort aufstehe. Ohne eine Sekunde zu zögern. Sobald sie die Augen öffne, setze sie den ersten Fuß aus dem Bett. Täte sie das nicht, würden die Gedanken kommen, die *regrets* über die Fehlentscheidungen und schrecklichen Zufälle über all die Jahre hinweg. Sie komme dann vom Hundertsten ins Millionste, alles braue sich bildlich über ihrem Kopf wie ein Gewitter zusammen und könne jeden Moment auf sie herunterbrechen. In so einer Situation dann noch aufzustehen: unmöglich. Also stehe sie lieber direkt auf, beginne den Tag, suche die Zerstreuung im Alltäglichen. Radio anmachen, Zeitung lesen, den Hund füttern, ins Dorf fahren, mit den Nachbarn plaudern.

Ich konnte mir das damals gut vorstellen, als sie mir davon erzählte. Ich machte zu der Zeit einen schrecklichen Liebeskummer durch. Wusste, wie es war, morgens nicht aus dem Bett zu kommen, weil die Glieder schwer wie Blei waren und das Kopfkino einen von allen Seiten zerfickte. Damals kannte ich jede Maserung, jede Unregelmäßigkeit in meiner Zimmerdecke genau.

Mein Geburtstag war seltsamerweise der Anlass, viel an die Worte meiner Großmutter zu denken. Oft direkt morgens, wenn ich aufwachte, weil zwei kleine Kinder in meinem Bett rumhüpften. Ich brachte sie abends in ihre Betten – ich, die Oma oder der Babysitter –, doch nachts, meistens in den Morgenstunden kamen sie rübergetippelt. Ich ließ sie. Alles war neu und anders in ihrem Leben. Sie brauchten Halt. Meinetwegen jede Nacht. In diesen Stunden durchlebten wir schlafend intensive Nähe, als würden wir all das noch einmal aufarbeiten, was uns tagsüber beschäftigte, was wir aber nicht formulieren konnten. Und es war schön zu wissen, dass sie ganz nah waren, ihren Atem zu hören, sie im Halbschlaf wieder zudecken zu können. Sie gaben auch mir Halt.

Nur wenn ich morgens aufwachte, die erste halbe Stunde, war mir das oft zu viel. Kleine Kinder sind ganz plötzlich hellwach, sie toben und streiten sich schon zwei Minuten nachdem sie die Augen geöffnet haben, um einen Fetzen Decke, treten mir dabei in den Bauch, sagen «Oh, 'tschuldigung, Mama». Sie konnten nicht ahnen, dass ich von den Träumen und Gedankenrotationen in der Nacht noch total emotional wund war. Nachts vermisste ich manchmal das Gefühl, mit jemand anderem zu sein, eine komplette Familie zu sein. Oder besser gesagt, Teil einer Familie zu sein. In Zeiten der ständigen gesellschaftlichen Erregung über Familienmodelle und Lebenskonzepte etwas ganz Einfaches, Traditionelles dagegenhalten zu können – und nicht so einen selbst gewollten Rock-'n'-Roll-Shit, den ich mir tagsüber zurechtargumentierte.

Morgens wollte ich etwas Rundes, irgendwas Ganzes. Nichts Angebissenes, Geflicktes, kein von der Wartung wieder freigegebenes neues Lebenskonzept, das ich jetzt vor mir selbst und vor allen anderen mit aller Kraft als cool zu verkaufen suchte. Mittags im Büro war ich wieder mehr ich selbst. Dann dachte ich: War schon alles gut so. Mir blieben acht Stunden bis zur Nacht, in der ich mir wieder wünschte, verheiratet in einem Eigenheim mit IKEA-Möbeln zu sitzen und auch sonst keine großen Probleme zu haben. Licht und Schatten.

So hatte es irgendwie auch etwas Gutes, dass meine Kinder mich hüpfend und tretend aus dem Bett jagten, denn womöglich wäre ich sonst, wie es schon meine Oma für sich befürchtet hatte, überhaupt nicht mehr aus dem Bett gekommen, und die Zweifel hätten mich aufgefressen.

In meinem Leben als Single Mom liegen bis heute die glücklichen und die zutiefst zögerlichen, ängstlichen Momente sehr eng beieinander. Einen Moment fühle ich mich wie Wonderwoman, die alles alleine rockt und sich dabei nicht mal einen Kratzer in ihrem Superheldenkostüm holt. Dann mache ich allerdings den Briefkasten auf, sehe den Steuerbescheid, sacke nervlich zusammen, beschließe zu Netto statt zu Edeka zu gehen und fühle mich wie ein RTL2-Wunschzuschauer.

Würde ich mich jemals wieder an etwas mehr Monotonie erfreuen können?, fragte ich mich damals. Das aufregende Leben, die ständige finanzielle Unsicherheit, die Suche nach emotionaler Stabilität. Bei mir war ständig etwas los. Hach, ein Kind ist krank, der Brief vom Finanzamt, der Abgabeschluss für den Text, die U-Untersuchung, die Alkoholkrankheit eines Verwandten, mein unbehandeltes Magengeschwür, der Kindergeburtstag am Samstag UND WIR HABEN NOCH KEIN GESCHENK.

Mein Leben war unstet und voller unglücklicher Zufälle wie ein Skript aus «Dallas» oder sagen wir für meine Generation «Melrose Place», nur ohne Pool im Innenhof, ohne Miami-Sonne und Hair-Brushing. Und zu diesem Zeitpunkt auch: ohne Sex. Aber das hält ja auch andere Menschen generell nicht von einer Langzeitehe ab. Manchmal stellte ich mir die Langeweile dennoch als Idealzustand vor. Arbeiten gehen, Ehering am Finger betrachten, am freien Tag für die ganze Familie etwas kochen, Klatschzeitschriften und den Ratgeber von Jesper Juul über Elternsein und Paar-Bleiben lesen.

Kurz nachdem Marius und ich uns getrennt hatten, sah ich eines Tages beim Durchblättern der *Bunten*, die ich übrigens ohne Scham vor Klatschpresse ganz offiziell im Supermarkt für den Kurzurlaub auf der Couch kaufe und nicht nur verstohlen beim Friseur lese, dass Exverteidigungsminister Rudolf Scharping sich mit 70 Jahren scheiden ließ. Seine baldige Exfrau, Kristina von Pilati, war ebenfalls 70 Jahre alt. Man habe sich wie erwachsene Menschen als Freunde getrennt, ließen die beiden verlauten.

Als ich ein paar Wochen später in der Küche von Kowalskis Kreuzberger Altbauwohnung saß, erzählte ich ihm von den Eheleuten Scharping. Die beiden waren auch meine Ouvertüre, um über alles andere zu reden. Wir wollten ausgehen, auf einen Geburtstag von alten Freunden, meine Mutter hütete die Kinder. Es war das erste Mal seit meiner Trennung vor zwei Monaten, dass ich abends den Schritt vor die Tür wagte. Bevor wir losgehen konnten, musste Kowalski allerdings noch seinen liebevoll selbst angerichteten Trennkost-Salat zu sich nehmen. Beim Essen legte er sich immer eine weiße gebügelte Serviette an den Hals, die er mit einer Silberkette mit zwei Clips daran fixierte. Er sagt dazu: «praktisch», ich: «Attitüde». Ich starrte in meinen Weißwein.

«Die beiden sind so alt und dann trennen die sich noch», dachte ich laut über die Scharpings nach. «Wie wollen die denn jemals wen Neues kennenlernen? Haben die nicht Angst, dass sie niemals wieder jemanden finden? Was ist, wenn die Hand am Sterbebett ins Leere greift?»

Kowalski, der ewige Single, schaute etwas unruhig von dem Avocado-Gewühl auf seinem Teller auf. Er hatte wohl auf etwas weniger deepen Gesprächsstoff zum Kurz-was-Essen gehofft.

«Was ist eigentlich los mit dir, Rosales? Du bist erst so kurze Zeit getrennt. Denkst du nicht, du musst dir um so etwas jetzt noch keine Sorgen machen?»

Er schüttelte den Kopf, dann nahm er ein Stück Zitrone aus einem Extra-Schälchen, das er neben dem Hauptteller platziert hatte, und presste es über seinem Salat-Gemisch aus.

«Die sind noch viel zu hart, die Avocados. Die machen keinen Spaß», sagte er und holte eine Möhre aus dem Kühlschrank. Er hatte auch Sorgen. Aber die hatten, wie es aussah, mehr mit Trennkost zu tun.

Ich seufzte. Ich hasse die Art, wie Männer Themen switchen. Es war klar, dass er es nicht verstehen würde. Kowalski ist Musiker, mein Seelenverwandter seit über zehn Jahren, aber sicher kein Ehemann-Material für die Frauen da draußen. Freundschaft ist für ihn ein gültiges Konzept. Beziehungen enden, das ist dann auch gut so. Freundschaft nicht. So denkt er. Außerdem hat man wahnsinnig viel Spaß mit ihm. Früher riefen wir uns manchmal morgens an, um wach zu werden. Jetzt schicken wir uns die Tweets von Trump, machen Lagebesprechungen und Analysen der Gesellschaft und des Weltgeschehens, wenn wir uns sehen. Wir waren vor über zehn Jahren ein Paar, mussten uns dann nicht trennen, aber aufteilen. Für die bessere Übersicht. So sehe ich das. Kowalski holt mich immer ganz gut runter, aber was meine anerzogene unbequeme Überzeugung von einem guten Leben für mich angeht, kann und konnte er mir nicht helfen.

An diesem Tag gab ich die Hoffnung jedoch noch nicht auf. Die Möhre war geschält und geraspelt, er aß weiter, also wurde ich konkreter.

«Ich glaube, ich habe wirklich Angst, alleine zu sterben. Das ist alles. Die Kinder zählen da nicht ganz. Es wäre gemein, sie als Partnerersatz zu vereinnahmen. Mir fehlt einfach das Gefühl, für jemanden die wichtigste Person zu sein. Das muss man sich über Jahre aufbauen. Und ich weiß gar nicht, wie ich es ohne dieses Gefühl schaffen soll.»

Ich schaute auf meine Schuhe.

Kowalski schloss die Augen, schob seinen Teller zur Seite und griff über den Tisch nach meiner Hand. Mehr brauchte es nicht in diesem Moment. Ich schluckte den Kloß im Hals für den Abend runter.

In den nächsten Tagen kam er allerdings wieder hoch. Beim Aufstehen, beim Kinderanziehen, während der U-Bahnfahrt zur Arbeit. Ich verpasste meine Station mehr als einmal und ärgerte mich über mich selbst. Konnte ich wirklich ohne eine Beziehung nicht glücklich sein? Warum war ich so sehr im Würgegriff der Perfektion und des Happy-End-Syndroms? War es nicht erst mal in Ordnung, die Ehe zu verarbeiten, bevor ich mich einsam fühlte? Oder war es wiederum ganz normal, dass ich mich so fühlte?

Mit Happy-End-Syndrom meine ich dabei übrigens die latent herrschende Unzufriedenheit, bevor in Liebesdingen nicht die vier magischen Stufen erklommen sind: Liebesbekundung, Zusammenziehen, Kinderkriegen, Heiraten. Wahlweise noch: Baumpflanzen, Plazenta vergraben, goldene Hochzeit feiern und zusammen auf der Parkbank sitzen. Solange nicht all das eingetroffen war oder sicher eintreffen würde, würde ich vermutlich immer denken, dass etwas fehlte. Dass es mit Marius nicht geklappt hatte, obwohl zunächst überall grünes Licht war – sprich: anfängliche Verliebtheit, Ehe, Kinder, coole Wohnung –, klammerte mein Langzeitgedächtnis nach der Trennung komischerweise großzügig aus. Was in mir manchmal den Verdacht aufkommen ließ, dass ich weniger um die konkrete Person, also meinen Partner, trauerte als um den Abschied von einem Ideal, einer Klein-Mädchen-Vorstellung, dass der Prinz (optional mit Schloss) kommt und alles dann für immer andauert. Happy End eben.

«Der Horror», würde Kowalski sagen.

Als wir an dem besagten Abend bei Kowalski in der Küche saßen, hatte er mich an eine Zeitungsmeldung erinnert, die uns vor Jahren zum Staunen gebracht hatte. Da hatte ein Mann nach 60 Jahren Ehe die Frau mit der Bratpfanne erschlagen, weil «sie genervt hatte». Zumindest hatte er das so im Prozess dem Richter am Provinzgericht erklärt. Wir hatten überlegt, wie viel sich da wohl über ein ganzes Leben angestaut haben musste und ob das nicht auch ein Filmstoff sein könnte. Das Elend einer ewig langen Ehe. Tief in mir drinnen bleibt sie trotzdem eine Wunschvorstellung. Da helfen auch keine feministischen Bücher oder Vorbilder von starken unabhängigen Frauen. Die Ehe wirkt einfach wie Baldrian auf romantisch konditionierte Seelen. Dass ich Maria vor ein paar Wochen mit ihrem neuen und tatsächlich festen Freund frisch verliebt gesehen hatte, tat sein Übriges.

Wussten meine Eltern in den Achtzigern eigentlich, was sie mir da antaten, als sie mir erlaubten, die Filme mit den Disney-Prinzessinnen zum hundertsten Mal auf VHS-Kassette anzusehen? Kein Wunder, dass ich auch nach meiner Trennung noch vom Traumprinzen träumte. Von einem, der alles klarmacht – von der Hochzeit auf dem Kreuzfahrtschiff bis hin zu einer großen Immobilie –, ein Prinz, der reiten und gleichzeitig den Trittmülleimer im Badezimmer reparieren kann.

Hauptsache gerettet werden – diese schreckliche und schöne Vorstellung zugleich.

Vielleicht sind wir Mädchen der achtziger und neunziger Jahre auch einfach kleine Streberinnen. Filme wie «Working Girl» lehrten uns, dass es im Leben immer um den perfekten Lebenslauf geht. Ein Studium, ein Praktikum hier, eine Ausbildung da, dann klappt es auch mit dem Auswärtigen Amt, hieß es schon in der Schule. Noch heute träume ich nachts manchmal von der anstehenden Abiturprüfung, in der ich noch einmal in Mathe bestehen muss. Oder in Chemie. Und wenn ich das nicht schaffe, dann bricht mein ganzes Kartenhaus aus Studium, Beruf und Lebensstandard wieder zusammen. Willkommen in meiner Psychose.

Meine Freundin Juli war in allem wesentlich pragmatischer.

«Dann geh halt auf Tinder. Gönn dir 'ne Affäre», sagte sie, als ich kurz nach dem Abend bei Kowalski zum Kaffee bei ihr war. Ihre manikürten Finger flogen über das Display ihres Handys. Sie sagte das komplett empathielos, als wenn sie wirklich den Kanal von mir voll hätte.

Ich fragte mich, wie das wohl sein würde, mit 35 Jahren wieder zu daten? Wie viel hatte sich und wie sehr hatte ich mich verändert im Vergleich zu meiner letzten Single-Phase? Und ich fragte mich, ob es anders sein würde, mit Kindern zu daten.

Aus Spaß gab ich «Date» und «alleinerziehend» bei Google ein. Minuten später musste ich das Fenster sofort wegen einer Spontan-Depression schließen. Dort finden sich bis heute nämlich so nette Tipps wie «Dating ist wie Fahrradfahren, das verlernt man nicht» oder Mutmach-Tipps wie «Das Ticken der biologischen Uhr, das vielen Männern und Frauen ohne Kind mit steigendem Lebensalter zunehmend laut in den Ohren pocht, kann Ihnen herzlich egal sein».

Das war alles so verklemmt, klebrig und unsexy, dass ich es eigentlich schon gleich wieder lassen wollte. Vielleicht sollte man sich wie in analogen Zeiten einfach in eine Bar setzen und auf den erstbesten Loser warten oder eine gemütliche Alte werden oder sich einen Callboy buchen.

«Mein Problem mit Tinder und generell ist einfach, dass ich überhaupt keine Phantasie, keine Idee habe, wer da noch kommen soll», sagte ich zu Juli.

In meiner damaligen Situation hatte ich in meinen Augen nur die Aussicht auf vier Szenarien:

1. Ich finde einen Mann und der will eine Affäre mit mir. Sofort Sex. Dann findet er heraus, dass ich Kinder und einen Exmann habe, sein Interesse lässt schlagartig nach, und wir sind im besten Fall «nur noch Freunde». Aber richtig gute natürlich.
2. Ich finde einen Mann und der findet es supertoll, dass ich Kinder habe. Dann hören wir in seinem Auto «Biene Maja», gehen alle zusammen zelten, was aus lauter Unsexyness dazu führt, dass meine Menopause spontan einsetzt.
3. Ich finde einen Mann, der hat schon Kinder, und wir machen es uns alle im Patchwork-Nest gemütlich. Drei Monate später stehe ich wieder schwanger in der Küche, koche Suppe, hüte alle Kinder, während er wegen Überstunden heute mal wieder später kommt. Sprich: eine moderne Romantic-Comedy, die da ansetzt, wo das Happy End aus vernünftigen Gründen aufhört.
4. Ich finde einen Mann und der ist so cool, so busy, so eisenhart karrieregeil, dass er den Spruch «Ich ficke nicht, sondern meine Arbeit fickt mich» geprägt hat. Er kann es nicht lassen und braucht es ständig: E-Mails, Präsentationen-Erstellen und Telefonieren. Sodass er mit Headset abends im Bett einschläft. Er nennt Telefonkonferenzen «Telkos» und das weibliche Reinigungspersonal «Putzis». Dass ich Kinder habe, läuft völlig unter seinem Radar. Stattdessen verbringen wir Wellness-Wochenenden an der Ostsee in kinderfreien Hotels, während die Kleinen beim Papi übernachten, fahren Ski und besuchen Museen mit moderner Kunst. Eines Tages eröffnet er mir dann, dass er mit einer jüngeren Uschi, die er gerade kennengelernt hat, gerne eine eigene Familie gründen will.

Ich sinnierte vor mich hin, während Juli weiter Nachmittag für Nachmittag auf dem Spielplatz auf ihrem Handy-Bildschirm wischte. Sie hörte mir oft nicht einmal zu, sie hatte nur Augen für ihre App, für das algorithmische Vorsortieren, Begutachten, Liken und Bestellen von Typen auf Tinder.

Aber was soll ich sagen? Irgendwann haben mich Neid und Neugier überwältigt und ich habe mir die App hochgeladen. Und ab da verwischen sich die Erinnerungen an Wunsch und Verzweiflung. Ich war jetzt Tinder-Nutzerin, und es hatte nicht einmal weh getan.

So kannte mein Alltag auf einmal wieder ein abendliches Highlight, ein Feuerwerk der Selbstbestätigung, einfach abrufbar und leichter als Pizza-Bestellen in den Neunzigern. Die Kinder waren im Bett, und mit dem ersten «Töröőö» von Benjamin Blümchen hing die liebe Mama schon am Smartphone. Schöne neue Welt. Unter den Profilen der Boys stehen immer nur Vornamen, aber ausgerüstet mit der journalistischen Begabung der Recherche, machte ich immer gleich den ganzen Hintergrundcheck mit. Klarname, Alter, Facebook-Profil, gemeinsame Freunde, berufliche Erfolge, allgemeine Relevanz, Strafregister, Bonitätscheck – nein, jetzt übertreibe ich.

Die ganze Geschichte etwas gefühlskälter zu betrachten half mir über die Tatsache hinweg, dass ich für die Typen da draußen auch nichts weiter als eine Art Lifestyle-Entscheidung sein würde. Dass ich Kinder habe, würde jedem, den ich traf, vermutlich die Extra-Chance geben, mich auszufragen, dann zu mansplainen und später zu weinsteinen – ich hätte es ja nicht anders gewollt.

Keine guten Voraussetzungen, trotzdem wagte ich ein Date.

Der Typ war Mitte 40, Kunstsammler aus Österreich, wollte mal einen Roman schreiben und hatte offensichtlich einen Dachschaden. Wir trafen uns in einem Restaurant.

«Und wo sind deine Kinder jetzt?», fragte er mich, während er die Reste seines Salats mit den Händen aß. Ich sah ihm zu und fragte mich, ob mir das auf dem Dorf oder im Ausland auch passiert wäre. Ob ich zu viel verlangte, Manieren und Höflichkeit, und ob das in so einer Stadt wie Berlin überhaupt möglich war. Wo jeder irgendwie vernetzt ist, aber jeder auch seins macht.

Außer Spesen nichts gewesen? In Zeiten der Alleinerziehenden verliert dieser Satz jegliche Komik. Ein Date = 50 Euro Babysitter, 27 Euro für einen neuen Lippenstift, der mir Lust machen sollte, 30 Euro Taxi. Keine Pointe.

Genervt, aber auch erleichtert trottete ich kurze Zeit später die Treppe zu meiner Wohnung hoch, schloss die Tür auf, begrüßte und bezahlte die Babysitterin, rauchte eine letzte Zigarette am Fenster und legte mich zu meinen Kindern.

Mein Friseur Victor hat es an sich, sehr direkt zu sein. Er fand, ich sei arrogant: «Wie lange hattest du keinen Sex mehr? Monate her? Poor Girl.»

Und ich könnte mir ein bisschen mehr Mühe geben. Ich musste ihm versprechen, die Tinder-Geschichte ab der nächsten Woche etwas wohlwollender zu betrachten. Ab jetzt würde ich Vollzeit liken, schreiben, kess antworten.

Eine Woche nach dem grauenhaften Date mit dem Kunstsammler war schon wieder Tinder-Samstag. Diesmal passte mein Vater, der zu Besuch aus besagtem Rheinland war, auf die Kinder auf – das wollen ja alle immer ganz genau wissen.

Martin machte irgendwas mit Medien, das ich nicht verstand, obwohl ich eifrig nickte, war 42 Jahre, geschieden, hatte zwei Kinder und redete Blech. Wir saßen in einer Weinbar in Prenzlauer Berg draußen, die Spätsommernacht war warm, doch ich hatte Sehnsucht nach meiner Couch und der *Bunten* darauf. Irgendwie hatte ich auch Angst, gesehen zu werden. Wir saßen an einem Außentisch. Jeder mögliche Bekannte oder Kollege hätte zufällig vorbeilaufen können. Und das hier sah nicht nach Abenteuer aus, eher nach Filzuntersetzer für den Glastisch, nach Duftkerzen in Deko-Sand. Er hatte eine Eigentumswohnung, und ich war eher der Typ Mahnbescheid.

«Und jetzt, Carolinchen», versuchte er zu flirten. «Jetzt suchst du also einen neuen Papa für deine Kinder oder jemanden, der dir hilft.»

Ich versuchte, nicht allzu geschockt zu gucken.

«Nein», sagte ich schnell. «Ehrlich gesagt, komme ich ganz gut zurecht.»

Martin schien etwas irritiert von meiner Antwort, aber schluckte es runter.

«Ich habe eine Ex-Freundin, die hatte auch ein Kind», sagte er. «Aber mit Alleinerziehenden ist das so ein Problem.»

Er wartete darauf, dass ich «Aha» sagte, um weiterzusprechen.

«Und wo war das Problem?», fragte ich etwas angestrengt. Ich war mir nicht sicher, ob ich die Antwort hören wollte.

«Na ja, sie war die ganze Zeit mit ihrem Sohn beschäftigt, schon morgens kam er zu uns ins Bett gehüpft. Da war nicht viel mit Beziehung ...»

Während er weiterredete, überlegte ich, wie ich aus der

Nummer rauskommen konnte, ohne seine narzisstischen Gefühle zu verletzen. Kurz darauf laberte ich irgendeinen Quatsch von Babysitter, Fieber und war zehn Minuten später frei.

Dann kamen: Tobias, der PR-affine Schweizer. Romain, der Franzose mit Nerd-Brille. Paul mit dem Pullunder, der irgendwas mit Start-ups und Medien machte. Sie sollten meine Zeit und meine volle Aufmerksamkeit haben. Schon morgens in der U-Bahn zur Arbeit wischte ich filigran über das Handy-Display und verteilte Herzen, solange der Empfang standhielt. Bei der Arbeit saß ich heimlich mit dem Smartphone am Schreibtisch wie früher mit dem Nokia unter der Schulbank, erteilte Auskünfte über meine Person und stellte Fragen. Es wurde schlimmer. Mit der Anzahl der digitalen Profile stieg proportional auch der Schriftverkehr und die Frequenz meiner Reaktionsfreudigkeit. Der Höhepunkt meiner Hinterzimmergeschäfte war erreicht, als ich mich in der Mittagspause auf der Diensttoilette einschloss, um Tom aus München eine rhetorisch fein geschliffene Antwort zu texten. Zwischen Büro und Bananen, Roggenbrot und Nagellackentferner einkaufen litt die Qualität meiner Antworten.

«Was sucht so eine schöne Frau auf Tinder?»

«Wo feiern wir unsere Verlobungsparty?»

«Ich werde nicht essen, trinken oder schlafen können, bis du mir geantwortet hast.»

Originelle Anfragen verlangen nach vielversprechenden Antworten, und ich war – obwohl im Rheinland geboren – noch nie besonders schlagfertig.

Schon besser lief es da mit dem Schweizer Tobias, der *between jobs* war. Wir gingen in Neukölln etwas trinken, irgendwann knutschten wir wild herum, und ich hatte Angst, dass er mich schon auf der Straße komplett ausziehen würde. Immerhin war noch Sommer.

«Geht das nicht etwas zu schnell?», fragte ich, während er mir das T-Shirt von der Schulter zog.

«Du machst mich hemmungslos», hauchte er zurück.

Endgültig genug hatte ich dann, als er mich mit all seiner Leidenschaft gegen die frisch bemalte Kreidetafel an der Wand einer Kneipe drückte. Diese Latin-Lover-Nummer an der Neuköllner Dunkelholzkneipe war wirklich zu trashig. Ich wollte mich nicht von außen so sehen. Zudem trug ich meinen Burberry-Sommermantel, den ich mir einst von meinem ersten Gehaltscheck gekauft hatte. Ohne nachzusehen, wusste ich, dass mein Rücken kreidebunt wie ein Regenbogen war. Das war doch nicht sein Ernst – Leidenschaft hin oder her. Der Tussi in mir reichte es. Wie gut, dass wieder die Universalausrede herhalten konnte. Die Kinder, das Fieber, der Babysitter, der schon zweimal angerufen hatte.

«Taaaxi», rief ich zehn Minuten später, und der Fahrer verwandelte sich zum Prinzen auf dem weißen Ross, als er in letzter Minute die roten Bremslichter aufleuchten ließ. Mit einem Lächeln stieg ich ins Taxi. Armer Tobias. Ich denke noch ab und zu an ihn. Weil er eigentlich nett war und ich gedankenlos und etwas desinteressiert. Ich glaube, dass seine Absichten ehrlich waren. Er konnte nicht wissen, dass ich einfach noch nicht bereit war. Ein paar Mal schrieben wir noch auf WhatsApp hin und her. Er fragte mich, ob ich ihn zu einer Galerie-Eröffnung begleiten wolle. Dass alles etwas schnell gegangen war beim letzten Mal, wir uns aber auch erst einmal auf einen Kaffee zusammensetzen oder spazieren gehen könnten. Getroffen haben wir uns dennoch nie wieder. Ich nehme aber an, dass er dies in Berlin, der Welthauptstadt der Dating-Apps, sehr gut verkraftet hat.

Die anderen Mütter

Wie geht es euch denn jetzt eigentlich?», fragte mich die Lena-Mutter und lächelte dabei so nett. Es war einer der letzten heißen Tage des Jahres, viel zu heiß eigentlich für die Jahreszeit, ich war mittlerweile knapp ein halbes Jahr von Marius getrennt. Die Lena-Mutter und ich standen quasi Brust an Brust in der beengten U2 Richtung Stadtmitte, aber ich verstand – um im Bild zu bleiben – nur Bahnhof. Ich antwortete ihr nicht direkt, sondern musste erst einmal Luft holen, soweit das die Enge und die Schwüle in der Bahn erlaubten. Weil ich es nicht fassen konnte. Wie hatte sie die Bahn noch bekommen? Sie musste sich die Lunge aus dem Leib gerannt haben oder eine wahnsinnig begabte Parkours-Läuferin sein. Anders war nicht zu erklären, wie sie es in letzter Sekunde in die gerammelt volle Bahn geschafft hatte, bevor die automatischen Türen zugingen. Aber das war es wohl wert gewesen. Der Preis für ein kurzes freundliches Verhör.

«Gut», sagte ich knapp. «Gut geht es uns.»

«Ah, und der Papa?»

«Wohnt nicht weit.»

«Und die Kinder?»

«Nee, alles super.»

«Und so geldtechnisch haut auch alles hin?»

«Auf jeden Fall.»

«Aber du hast niemanden Neues?»

«Aber nein.»

Die Lena-Mutter musterte mich, aber mehr Fragen fielen ihr wohl nicht ein. Ich machte es ihr zugegebenermaßen auch nicht leicht. Mit voller Absicht natürlich. Sie wollte etwas plaudern, aber mein Privatleben war kein Selbstbedienungsbuffet. Sie wirkte enttäuscht.

Ich hatte vergessen, dass ich mich dringend schlecht fühlen sollte. Mit gutem Gewissen allein mit Kindern zu sein – das geht in den Augen der meisten anderen Mütter einfach nicht.

Eine ähnliche Situation hatte ich kurz zuvor schon bei einem zufälligen Zusammentreffen mit Martha erlebt, der Mutter von Jakob. Sie gab vor, in meine Richtung zum Bäcker zu müssen. Liege auf ihrem Weg, sagte sie. Beim Bäcker lud sie mich dann nach dem Croissant-Kauf auf einen Kaffee im Bistro des Backshops ein. Bei mir sei ja gerade alles so aufregend, so neu, ich solle doch mal erzählen!

Auch unsere Nachbarin von früher, Karin, hatte einen lauwarmen Apfel-Birnen-Kuchen in der neuen Wohnung vorbeigebracht. Stand plötzlich an einem Herbstabend mit einem in Alufolie gewickelten Teller im Flur zwischen den Kartons. Sie wusste gar nicht, wo sie zuerst ihre Augen hinheften sollte, um möglichst viele Informationen für spätere psychologische Rückschlüsse aufnehmen zu können.

Kurzum: Seit dem Tag, an dem ich eine eigene Wohnung mit Kindern minus Mann hatte, gab es offenbar ein verstärktes Observationsbedürfnis an meiner Person. Beziehungsweise viel eher an der Situation, in der ich mich befand. Besonders andere Mütter wollten seit meiner Trennung von Marius alles über mich erfahren. Es war geradezu penetrant.

Ich mag Frauen, ich liebe es sogar, mit ihnen zu quatschen, ich mag meine Freundinnen, meine Komplizinnen. Aber gerade bei brenzligen Themen sind sie oft einfach nicht offen und ehrlich.

Eine meiner Freundinnen lernte ich bei einem Filmdreh kennen. Sie machte einen kleinen Doku-Beitrag für einen öffentlich-rechtlichen Sender. Ich war damals im Verbraucherschutz aktiv, setzte mich gegen hormonwirksame Substanzen in Baby-Cremes ein. 40 Mal ließ sie mich eine Kamera-Einstellung wiederholen und denselben Satz sagen. Sie scheuchte mich durch meine ganze Wohnung. Sie und ihre Kameraleute hinterließen dort ein Trümmerfeld wie nach einem Festival. Und klar: Wir hatten auch Spaß. Einen Tag später rief sie mich an und sagte, sie hoffe, es sei nicht übergriffig, aber sie fände es schön, mich wiederzusehen. Es war eine Art platonischer Freundschaftsantrag. Und ich fand es zuckersüß.

Die Lena-Mutter wählte den anderen Weg. Nachdem ihr Versuch, Informationen zur Stillung ihrer Neugierde aus mir herauszupressen, gescheitert war, lud sie mich für den Tag darauf zu sich nach Hause ein. Und ich sagte aus Schwäche auch noch zu. Meine Kinder und ihre Kinder kannten sich aus dem Kindergarten und verstanden sich super. Vielleicht war ich damals noch nicht geübt genug darin, diese Neugieroffensiven zu deuten. Vielleicht wollte sie mich auch wirklich nur ein bisschen aufmuntern, und ich litt unter Verfolgungswahn. Vielleicht war das ihre Art, mir eine bessere Bekanntschaft anzubieten. Vielleicht aber hoffte ich auch unterbewusst, dass sie wirklich eine Freundschaft zu mir suchte. Hoffte, dass mich jetzt auf einmal alle nett fanden und mich all die Jahre zuvor nur unglücklich verkannt hatten. Dass die Lena-Mutter nach zwei Treffen denken würde: «Ach, die ist ja doch ganz nett, ich nehme sie in meinen Club auf.» Als Schülerin wollte ich immer Teil einer Mädchenclique sein und zu den Geburtstagspartys der Beliebten eingeladen werden, und doch gehörte ich nie so richtig dazu. Weder in der Grundschule noch auf dem Gymnasium. Das ist also meine Achillesferse. Nun waren die Schule und die Studentenjahre lang vorbei – aber wenn man mir Liebe anbietet, bin ich immer noch schnell um den Finger zu wickeln und brauche eine Weile, um zu erkennen, was echt ist und was nicht.

Die Lena-Mutter, die eigentlich Sabine heißt, und ich hatten uns also für Donnerstagnachmittag verabredet, meinen freien Tag. Ich tat ihre Neugierde als menschliche Schwäche ab. Ich redete mir zurecht, dass die Frage «Wie geht es euch?» das neue «Schläft er/sie schon durch?» für Alleinerziehende war. Wenn die Kinder Babys sind, ist die Frage «Schläft er/sie schon durch?» eigentlich nur bösen Schwiegermüttern und missgünstigen Freundinnen vorbehalten. Übersetzt heißt es: «Und, wie schlägst du dich als Mutter?» Manchmal ist es gar nicht unbedingt böse gemeint, es kommt nur immer falsch rüber. So wie wenn man eine Neu-Single-Mutter ganz nebenbei fragt: «Wie geht es euch denn jetzt eigentlich?»

Als ich den Kindern erzählte, dass wir am Donnerstag Leonie und Karl besuchen würden, jubelten die beiden. Doch alles richtig gemacht, dachte ich kurz.

Am richtigen Nachmittag, zur richtigen Uhrzeit stiegen wir aus dem Bus und betraten eine gepflegte Einfamilienhaussiedlung am Rande von Berlin, die eigentlich nur mit dem Auto gut erreichbar war. Wir trotteten über den Gehweg. Als Aufmerksamkeit für die Gastgeberin hatte ich eine französische Apfeltarte nach einem Rezept meiner Großmutter gebacken, die ich ohne Folie in einem Jutebeutel transportierte und die immer schön gerade gehalten werden musste, auf dass die Äpfel oben bleiben mochten. Der Beutel in meiner Hand samt Kuchen wankte trotz aller Vorsicht gefährlich hin und her. Immer wieder warf ich einen Blick hinein.

«Ich will die Tarte tragen», beschwerte sich Lila.

«Nein», sagte ich.

«Mama, ich will sie tragen.»

«Nein, sie kippt um.»

«Bitte, Mama.»

«Nein. Schluss jetzt.»

«Doch.»

«Nein.»

«Doch.»

«Nein.»

So ging das den ganzen Weg.

Wir liefen vorbei an Häusern mit Trampolinen und Planschbecken im Garten. Frauen, die wie Models aus der *Brigitte* aussahen, kamen uns mit ihren Einkaufstüten auf dem Fahrrad entgegen. Nirgendwo ein Kind, das auf der verkehrsberuhigten Straße Fußball spielte. «Generation Rücksitz» schimpfen die Pädagogen seit Jahren über den heutigen Nachwuchs, der von seinen Helikopter-Eltern von morgens bis abends durch die Gegend kutschiert wird. Kinder hatten noch nie einen so kleinen Bewegungsradius wie heute, habe ich neulich gelesen. In einer Studie hat man festgestellt, dass sich Kinder im Deutschland der sechziger Jahre in einem Radius von mehreren Kilometern frei bewegen konnten. Heute kommen die meisten angeblich allein kaum noch 500 Meter von ihrem Zimmer weg.

Das traf wohl auch auf meine Kinder zu, die an diesem Nachmittag in kontrolliertem Umfeld in Leonies und Karls Garten-Pool würden eintauchen dürfen. Angefixt von der Vorfreude, rannten die beiden vor, ich bewegte mich lethargisch hinterher. Mir war fad zumute, jeder Schritt fiel mir schwer.

Das Bild vom perfekten Glück oder dem, was ich jahrzehntelang dafür gehalten hatte, zog mich gerade in dieser Umgebung wieder sehr runter. Ich reagierte damals allergisch auf organisch gewachsene Großstadtfamilien mit eigenem Gemüsebett in der Kleingartenparzelle, die aus Selbstversorgersehnsucht und Landliebe angeschafft worden war, während zu Hause auf dem polierten Estrichboden die Schuhe ausgezogen werden mussten. Jedes Zeichen ökohedonistischer Zivilisation wie Lastenfahrräder, Rasenmäher im Garten, bunte Girlanden an Zäunen machten mich sofort depressiv. Ich fragte mich, was ich eigentlich vor Jahren gedacht hatte, als ich selbst noch dieses Blümchentapeten-Leben in Prenzlauer Berg mein Eigen nannte. Hatte ich da auch Passanten mit meinem Bugaboo-Doppelkinderwagen und den frischen Blumen vom Markt, meiner Tücherbox und den Apfelschnitzen-Boxen darin schlechte Laune gemacht? Ich verspürte plötzlich das Bedürfnis, mich unbekannterweise bei allen zu entschuldigen. Allen zu zeigen, dass ich jetzt wieder ganz normal und arm war. Das würde uns allen guttun, dachte ich.

«Haaalloo, kommt reeiiin», sagte Sabine, als sie die massive Haustür öffnete. Ihre Freude war nicht einmal gespielt. «Oh, ein Kuchen. Komm, lass dich drücken.» Sie nahm mir die Tarte ab, und wir umarmten uns merkwürdig verunglückt, was daran liegen mochte, dass Sabine den Kuchen im Jutebeutel noch in der rechten Hand hielt und deshalb nur mit einem Arm umarmen konnte. Die Kinder rannten vor, weil sie Leonie und Karl schon erblickt hatten. Gefühlte Sekunden später waren alle vier nackt und bereit für das Planschbecken-Abenteuerland. Ich dagegen brauchte etwas mehr Zeit, um aufzutauen, geschweige denn, mich in der Theorie auszuziehen.

Sabine verschwand in der Küche, und ich schaute mich um. Ungeniert ließ ich meinen Blick über die Designer-Objekte und das Spielzeug auf dem Boden wandern, das die Putzfrau wohl noch nicht geschafft hatte wegzuräumen. Das Bullshit-Bingo der urbanen hippen Wohnklischees war schnell geschafft, ohne Schwierigkeiten bekam ich eine Reihe zusammen: Eames Chairs, BoConcept-Couch, türkise Bodensitzkissen. Yeah.

«Du trinkst Cappuccino, nicht wahr?», rief Sabine.

Aus der Küche hörte ich die Espresso-Maschine Vanille-Sojamilch schäumen. Das war wohl das Leben, wie es sein sollte. Mit einem Bild von den Wänden dieser Wohnung ließ sich sicher eine Jahresmiete bezahlen.

Ich machte keinen Versuch, in der Küche zu helfen, sondern setzte mich raus auf die Terrasse. Lila, Max, Leonie und Karl tobten nun mit Gummitieren um den Rasensprenger herum und hatten den Spaß ihres Lebens. Ich ließ meine Augen über das weitläufige Grün um die Terrasse schweifen.

Plötzlich klingelte es an der Tür.

«Machst du mal auf?», rief Sabine aus der Küche. «Das ist Constanze. Sie wollte auch vorbeikommen.»

WAS? CONSTANZE? DIE BASTELZIEGE? Ich zuckte innerlich zusammen.

Ich schüttelte den Kopf, als ich zur Tür ging. Was sollte das hier werden? Eine Tupperparty? Eine Freilicht-Fragestunde mit mir als Pausen-Clown und Erklärbär?

«Haaaalllo», sagte ich freundlich-verlogen-adrett, als ich die Tür aufmachte.

«Komm, lass dich drücken», sagte Constanze. Auch wir umarmten uns. Sie trug eine Dreiviertelhose, eine weiße Bluse und hatte einen Blumenstrauß, Marke selbstgepflückt, aber doch gekauft, und ein Körbchen Erdbeeren dabei. Für sie nur das kleine Besteck. Die alte Angeberin.

«Gut siehst du aus», lobte Constanze mich und fasste nach meinem Oberarm, um ihn sanft zu drücken.

Wir gingen auf die Terrasse, wo der Tisch mittlerweile gedeckt war. Es könnte so schön sein, dachte ich bei mir. Das Vogelgezwitscher, die gut gelaunten Kinder in der Sonne und der Kuchen mit Schlag. Ich riss mich zusammen und lächelte kurz. Die nächste Stunde würde sich ziehen, zumindest die 45 Minuten, wenn das Anstandsstück Konditorei-Kuchen aufgegessen sein würde. Meine Tarte hatte es leider nicht auf den Tisch geschafft. Wir plauschten nach guter Sitte und schauten den Kindern beim Spielen zu. Erst redeten wir über unsere Kleinen und wie schnell sie groß wurden, dann über die Pflege eines großen Gartens, dann über das Leben im Allgemeinen – also eigentlich so meins. Gefahr erkannt, Gefahr verkannt. Mein persönliches Pech halt.

«Ja, und wie habt ihr es den Kindern gesagt?»

«Wo wohnt er denn jetzt genau?»

«Ist das nicht komisch für dich?»

«Und wie nehmen das die Kinder auf?»

Ich versuchte, jeder der beiden in der vorgegebenen Reihenfolge zu antworten. Merkten sie nicht, dass diese Fragen viel zu persönlich waren und mich verletzten? Wussten sie es nicht, oder war es ihnen egal? Zwischendurch kam ich mir vor wie ein mittelalterlicher Minnesänger, der von weit her kam und sich mit allerlei Geschichten Speis und Trank verdiente. Das Gespräch verkam zu einem Brei aus «Wird schon», «Eigentlich besser als gedacht» und «Das ist schon traurig». Ich versuchte sparsam mit Informationen über die Kinder, ihren Papa und mich umzugehen, aber so ganz wollte das nicht gelingen. Am Ende packte ich einfach aus und erzählte ohne Punkt und Komma. Vom Umzug, von der Arbeit, von allem.

Ich fühlte mich nicht wohl dabei und fragte mich, warum Frauen untereinander so selten solidarisch sind. Immer wieder wird über Fehlverhalten von Männern Frauen gegenüber diskutiert. Machtmissbrauch, #MeToo, #TimesUp: über all das wird debattiert. Es wird zu Recht geschimpft über die jahrhundertelang gewachsenen Strukturen von Männer-Cliquen, die die Welt regieren und Frauen unterdrücken. Aber warum sich Frauen auch noch gegenseitig das Leben schwer machen, das sollte meiner Meinung nach öfter thematisiert werden.

Während der ersten Zeit als Alleinerziehende habe ich Missgunst, die verlogene Freundlichkeit, besonders fiese «Bitchiness» fast ausschließlich von anderen Frauen erfahren. Aus einem beinahe kämpferischen Modus heraus, den sie mit

Emanzipation verwechseln, denken viele Frauen offenbar, dass sie es als Einzelgängerin mit der ganzen Welt aufnehmen können. Und nichts kann wohl die Grausamkeit von Mädchencliquen auf dem Schulhof toppen. Wer abschreibt, wird gnadenlos verpetzt, wer später in der Oberstufe den Exlover der anderen datet, wird auf dem Schulhof ignoriert und hart geschnitten. Es wird gekämpft um die Beliebtheit bei Lehrern und Jungs, das coolere Outfit, das bessere Elternhaus. Später bricht der Konkurrenzkampf um den cooleren Mann, das schönere Kind, das durchfinanzierte Eigenheim aus. Ab dem Moment, ab dem ich getrennt war, führten mir auf unangenehm passiv-aggressive Art gerade andere Mütter immer wieder vor, dass sie dieses Wettrennen gewonnen hatten. Und ich auf der Verliererseite stand.

Manchmal schien es mir sogar so, als hätten einige Bekannte jetzt Angst, ich würde sofort mit ihrem Mann ins Bett springen. Ich wurde zu einem Eifersuchtsklischee, einer gefährlichen Konkurrentin, über die man herziehen konnte. Wie die Exfreundin vom eigenen Schatzi, die per se ein rotes Tuch ist und gemieden wird, oder die Bürokollegin des Gatten, die natürlich nur eine karrieregeile Kuh ist. Über besagte Kollegin (zu talentiert, zu hübsch) lässt sich unter Frauen herrlich lästern.

«Siehst du denn nicht, dass sie mich gegen dich ausspielt?», wollte ich einmal einen Bekannten fragen, als ich von seiner Frau vorgeführt wurde. Aber er hätte es sowieso nicht verstanden. Männern die psychologischen Strategien der Kriegsführung unter Frauen sichtbar machen zu wollen ist so aussichtslos, wie der Versuch, Erstklässlern die binomischen Formeln zu erklären.

Aber gerade weil wir Frauen uns immer wieder in Eigenregie gegeneinander ausspielen, bleiben wir meist auf uns allein gestellt. Und daran ist tatsächlich wirklich niemand schuld außer uns selbst.

Warum hatte mich beispielsweise die Lena-Mutter in der Bahn so blöd von der Seite ausgefragt? Sie hätte mich ja gerne in einer ruhigen Minute zur Seite ziehen und sagen können: «Hey, ich weiß, wir haben es bislang verpasst, Freundinnen zu werden. Das ist okay, vielleicht werden wir es ja noch. Dennoch gibt es ein paar Dinge, die mich wahnsinnig interessieren würden. Ich habe über einige Dinge in Bezug auf verschiedene Lebensmodelle und irgendwie auch über dich nachgedacht. Könnte ich dich da mal was fragen? Drinks on me?»

Das wäre zumindest geradeheraus gewesen. Und auch an diesem Nachmittag in Sabines Garten kam ich mir eher wie ein Unterhaltungsobjekt vor.

Ich musste an die amerikanische Schriftstellerin Ariel Levy denken, die über ihre sehr dramatische Fehlgeburt in einem Hotelzimmer in der Mongolei ein Buch geschrieben hat. Sie hatte einmal in einem Interview gesagt, sie wüsste nicht, was sich alle so um ihre Privatsphäre scheren würden. Ich versuchte, mir in Bezug auf Sabine und Constanze ein Beispiel an Levy zu nehmen, zu ignorieren, dass ihre Fragen viel zu direkt waren. Auch versuchte ich, die beiden im Laufe des Gesprächs zu verstehen.

Es war ja gar nicht so lange her, da war ich noch eine von ihnen gewesen. Mehr Hausfrau als Journalistin und vor allem Mutter eines Babys. Wenn ich morgens das große Kind im Kindergarten abgab, hatte ich wie sie Still-Milchflecken auf dem

Sweatshirt und dunkle Augenringe. Wir – Sabine, Constanze und ich – waren eigentlich vorbestimmt gewesen, die dunkelsten Laternen-Bastelnachmittage miteinander zu verbringen, Kuchenbuffets und Sommerfeste zu planen, während wir unseren Kindern beim Großwerden zuschauen würden. In ihren Augen hatte ich es offenbar nicht ausgehalten in unserem erdachten perfekten Leben und mich einfach verdrückt – den Hausfrauen-Pakt gebrochen.

Während Constanze und Sabine sich mittlerweile über die anstehende Einschulung der Älteren unterhielten, sammelte ich weiter unsichtbare Krümel von der Tischdecke auf und fragte mich, ob es Sinn machen würde, ihnen zu erklären, dass Single mit Kindern zu sein auch ungeahnte Vorteile bringen kann und nicht nur Hartz IV, Einsamkeit und den Abstieg ins Elend bedeuten musste. Dass es auch eine Chance ist, in dem ganzen Scherbenhaufen, der da zwangsläufig entsteht, etwas Selbstliebe und Lebensweisheit zu finden. Ich konnte vieles machen, was sie momentan nicht konnten – dafür stand zu viel im Weg: der Hauskredit, die fristlose Kündigung nach der Elternzeit, die eigenen Vorstellungen von dem, was man so darf und was man nicht darf. Im Grunde meines Herzens hätte ich ihnen gerne gesagt: «Euer ganzes Leben habt ihr geglaubt, es gibt Regeln. Aber es gibt keine.» Die Freiheit, das Single-Dasein, es birgt Versuchung und Gefahren, aber eben auch einen Splitter vom Paradies. Ich war 34 Jahre alt und ich konnte noch mal ganz von vorne anfangen. Oder es auch lassen und mir einen Hund und eine Datsche am See anschaffen.

Ich konnte wieder Sex haben. Echten Sex. Keinen Instandhaltungsverkehr. Sogar mit wechselnden Partnern. In wie vielen Ehen und langen Beziehungen bleibt nicht irgendwann nur noch das schweigende Nicht-angefasst-werden-Wollen abends im Bett, die Bitte, die Leselampe auszuknipsen. Damit immerhin hatte ich nichts mehr zu tun. Die Einzigen, denen ich abends Rechenschaft schuldig war, waren der Babysitter oder die Verwandtschaft, die großzügigerweise öfters die Kinderbetreuung übernahm.

Saß ich etwa Abend für Abend in meinem selbst entworfenen Haus und hoffte darauf, der Mann mit dem *Wachtturm* möge klingeln, damit ich mich endlich mal wieder mit einem Erwachsenen unterhalten konnte? Nein, das nehme ich zurück, das war gemein.

«Wie viel kostet das eigentlich?», fragte Constanze plötzlich und riss mich aus meinen Gedanken. Und jetzt wurde es doch noch mal interessant. War es vielleicht gar nicht so, dass sie mich aus purem Voyeurismus eingeladen hatten, sondern weil ihnen wirklich etwas auf den Nägeln brannte?

«Was meinst du?», fragte ich unsicher.

«Na, so ein Umzug. Die Trennung.»

«Na ja, du musst eine Wohnung finden, die Kaution bezahlen. Die Möbel habe ich alle behalten. Das wollten wir beide so. Also, ein paar tausend Euro. So 3000 vielleicht. Ja, und dann haben wir uns wegen des Geldes geeinigt. Alles durch zwei geteilt.»

Die beiden hingen an meinen Lippen.

«Und jetzt hast du die Wochenenden immer frei?», fragte Sabine.

«Technisch gesehen schon. Jedes zweite. Ich habe halt Wochenenddienste im Büro.»

«Ja, ja, aber dann hast du die Abende für dich», insistierte Constanze.

«Und die Ferien», ergänzte Sabine.

Eines der Kinder näherte sich dem Tisch. Es bekam ein Gummibärchen und das liebevolle Signal, wieder zu gehen.

«Ich kann nicht behaupten, dass ich nicht genervt bin», sagte Sabine und warf sich in ihrem Gartenstuhl zurück. «Jochen lässt die Ehe so schleifen, manchmal denke ich auch darüber nach. Du kennst das doch auch, oder Caro? Ich bin immer allein. Das ist so viel Verantwortung. Seine Termine und Abendessen haben immer Priorität, Karriere-entscheidende Pasta-Häufchen. Du weißt, was ich meine.»

Während ich beflissen nickte, schaute Constanze in ihren Schoß.

Constanze war anders. Ihr Sohn Luis, der in diesem Moment gerade mit seinem Papa Tennis spielte, war damals vier Jahre alt. Er war das Wunschkind, das sie zuvor zweimal verloren hatten. Der Name stand schon zu Beginn der In-vitro-Behandlungen fest. Als Mädchen wäre Luis eine Luisa gewesen. Für Luis riss sich Constanze zusammen. Sie war Anwältin in Teilzeit, die übrige Zeit war strikt für ihren Sohn reserviert. Ihre Ehe hatte sie deshalb vorsichtshalber auf Eis gelegt.

«Na ja», sagte ich zu Sabine. «Vielleicht rauft ihr euch ja noch mal zusammen. Ich meine, es ist schon besser, wenn man zusammen ist. Zusammen ist man ein Team. Und wenn nicht, dann probiert ihr es halt offener.»

«Offener?», fragte Sabine erstaunt.

«Als offene Ehe, meine ich. Jeder macht so ein bisschen seins.» Die beiden Frauen blickten mich an, als hätte ich vorgeschlagen, hier und jetzt gemeinsam Heroin zu rauchen. Ich bekam glücklicherweise noch die Kurve.

«Aber das ist Quatsch, was euch betrifft. Ihr gehört zusammen», winkte ich ab.

Ich meinte das auch so. Ich wollte nicht die gut gelaunte Werbefläche spielen, auf der steht: «Verlasst euren Mann!» Ich wollte weiter in Betonhäusern Cappuccino trinken und mit meinen Kindern fremde Gärten genießen. Wo kämen wir denn hin, wenn alle aufgrund von getrennten Vermögensverhältnissen langsam, aber sicher verwahrlosen würden?

«Sabine, du wirst dich nicht trennen», sagte dann auch glücklicherweise Constanze und nahm den letzten Schluck Kaffee. «Ihr seid ein großartiges Paar.»

«Ja», sagte ich fest.

Wir redeten noch ein bisschen über unsere wilden Tage, meine in Kreuzberg, als ich für kurze Zeit tatsächlich in einer offenen Beziehung gelebt hatte, und die Orgie in New York, die Sabine mal in ihren Zwanzigern besucht hatte. Aber, Mensch, das war so lange her. Ich war zugegebenermaßen ein bisschen beeindruckt. Dennoch: Durchziehen und durchbrennen würde keine von ihnen. Nicht in hundert Jahren.

Irgendwann war es halb sieben. Zeit, die Kinder aus dem Pool zu fischen. Sabine lud noch zu einer Runde Pommes auf dem Gartentisch ein, was ich dankbar annahm. Wortlos saßen wir nebeneinander und trockneten Kinderfüße mit gelben Frottee-Handtüchern, frisch aus dem Trockner, ab. Constanze war schon wieder gefahren, um «ihre Männer» aus dem Tennisclub abzuholen.

«Fahrt ihr diesen Sommer noch weg?», fragte Sabine.

«Tatsächlich ja», antwortete ich. «Mein Vater hat ein Sommerhaus in der Provence. Da können wir relativ günstig zwei Wochen hinfahren.»

«Wie toll», befand Sabine. «Ich finde sowieso, dass du alles toll hinkriegst.»

«Danke», sagte ich. Und meinte es aufrichtig. Auf einmal fühlte es sich nicht mehr so schlimm an, für ein Stück Kuchen und eine Planschbecken-Runde ausgenutzt worden zu sein. Auf der Busfahrt nach Hause dachte ich im Nachhinein, dass eben nicht jeder aus seiner Haut kann und man deshalb fair bleiben sollte. Lila schlief auf mir, Max war ganz still und lehnte an mir. Wir fuhren dem Sonnenuntergang Richtung Wedding entgegen. Ich dachte noch einmal kurz an Sabine, wie sie wohl heute Abend das Planschbecken leeren und die Kinder ins Bett bringen würde. Wie sie sich auf der Terrasse ein Glas Wein einschenken würde, um auf ihren Mann zu warten, der ihr dann um halb neun am Telefon eröffnen würde, dass er noch mit ein paar Kollegen auf ein Bier in den Prater geht. Sabine würde «Okay» sagen und dasitzen wie der unbezahlte Babysitter. Ich kannte das von früher und verstand plötzlich, dass Einsamkeit vielfältig sein kann. Sie kriecht wie Kälte durch Ritzen, nicht nur durch die eines Plattenbaus oder Mehrfamilienhauses, sondern vor allem auch durch die einer prächtigen Stadtrand-Villa. In diesem Moment fühlte ich Sabines Schmerz darüber, dass sie, wohl anders als ihr vielbeschäftigter Mann, ein Stück ihres selbstbestimmten Lebens verpasste, ein Stück Leben, das man so eben nicht mehr zurückbekam. Alleine allein zu sein ist okay. Gemeinsam einsam zu sein ist dagegen ernsthaft grausam.

Zu Hause schliefen die Kinder rasch ein, ich irrte ziellos durch die Wohnung. Es war viel zu heiß. Ich lief runter, holte mir Zigaretten beim Späti auf der gegenüberliegenden Straßenseite und ging wieder hoch in die Wohnung. Kurz lauschen, kein Kind war wach geworden. Ich ging auf den Balkon, rauchte eine nach der anderen. Ich fühlte mich irgendwie verpflichtet, einen Unterschied zwischen Sabines und meinem Abend zu machen. Irgendetwas musste ich doch anstellen können. Ich schaute in meine Handy-Kontakte und fand die Nummer von Fabian darin. Fabian war Arzt, Anfang 40, und hatte eine sechsjährige Tochter namens Lucy. Er war von seiner Freundin, der Mutter von Lucy, getrennt, seit Lucy ein Baby war. Wir hatten uns vor zwei Wochen über Tinder kennengelernt, uns dort zum Telefonieren verabredet, es aber noch nie gemacht. Vielleicht war jetzt die Gelegenheit, das nachzuholen. Ich zündete mir vor lauter Aufregung eine neue Zigarette an und wählte Fabians Nummer.

Dann hast du dir wohl nicht genug Mühe gegeben oder es eben nicht verstanden

Ich stehe an einem vereisten Wasserlauf im Pankower Schlosspark. Es ist ein frostiger Wintermorgen. Orangefarbene Entenfüße rutschen über die vereiste Fläche. Schwimmen ist jetzt nicht, die Futtersuche schwierig. Gut also, dass wir gekommen sind, um Brotstückchen auf das Eis zu werfen. Die Enten sind ganz verrückt vor Freude, rennen im Kreis, schnattern aufgeregt, als es plötzlich Teigkrumen regnet.

Mein damals dreijähriger Sohn Maxime freut sich ebenfalls. Er trägt einen blauen Schneeanzug, eine graue Skimütze und wirft munter Brotstückchen durch die Luft. Seine Schwester Lila ist noch ein Baby. Sie schläft an meiner Brust, in ein Tragetuch gehüllt. So kann ich sie Richtung Sonne drehen. Ein bisschen Licht, Vitamin D zur kalten Jahreszeit ist ja wichtig. Das sagt man so und liest es auch überall. Ich pfeife aus dem letzten Loch. Im wahrsten Sinne des Wortes. Ich habe seit Wochen eine schlimme Bronchitis, die einfach nicht abklingt. Der Infekt fühlt sich an, als hätte jemand ein schweres Eisenkorsett um meinen Brustkorb gelegt. Jeder Atemzug tut weh, jeder Hustenreiz macht mir Angst. Wenn ich ausatme, produziert meine Lunge einen pfeifenden Ton.

So stehe ich also da, schwer atmend und halte durch, bis Maxime diese absurd große Brottüte geleert hat, um endlich wieder nach Hause gehen zu können. Dort warten das ungeschälte Gemüse für das Mittagessen, der kurze Mittagsschlaf, den beide meist unabhängig voneinander halten, die Wäsche, die Windeln für zwei Kinder, das Baby, das ausschließlich im Arm gehalten werden will und im Laufstall in der Küche sofort bittere Tränen weint, wenn ich außer Sichtweite ins Bad gehe, um die Pipi-Reste des großen Kindes um das Töpfchen herum wegzuwischen.

Vor gut einem Jahr sah so fast jeder Tag aus. Wischen. Und wickeln. Feucht wischen nach dem Frühstück unter dem Tisch, nach dem Mittagessen, dem Nachmittagssnack, dem Abendessen. Windeln wechseln, Po abwischen, wenn es der Große ganz stolz doch mal auf Toilette geschafft hatte.

«Meine Tage bestehen offen gesprochen nur aus Scheiße», sagte ich mal zu Julika am Telefon. Sie fand, ich übertreibe. Sie hatte nur ein kleines Baby, ihr fehlte die Phantasie, fand ich.

Damals waren alle meine Vormittage, Nachmittage und Abende gleich, auch wenn mir der Tag mit den Enten besonders im Gedächtnis geblieben ist. Ich kümmerte mich rund um die Uhr um die beiden, stillte meine Tochter, bekochte, bespielte und versorgte meinen Sohn, der zu der Zeit noch keinen Kindergarten besuchte, weil ich das für pädagogisch wertvoller hielt. Marius ging arbeiten, kam selten vor halb neun Uhr abends nach Hause oder war gleich ganz weg auf Dienstreise.

Lange meinte ich, er könne nichts dafür, das sei nun mal der Job. Dennoch: Er war nicht derjenige, der Jahre seines beruflichen Lebens verpasste. Zwei Kinder in drei Jahren. Ich war wieder schwanger, als die erste Elternzeit zu Ende ging, und gab meine Festanstellung aus vorauseilendem Gehorsam auf. Um keine Umstände zu bereiten und es allen recht zu machen.

So hatte ich keinen Job mehr, kein Motiv, jeden Morgen das Haus zu verlassen. Ich hasste Marius für seine Freiheit. Andererseits ließ ich es nicht zu, dass mir jemand etwas mit den Kindern abnahm. Ich wollte es alleine schaffen. Und wer hätte mich vertreten sollen? Der Babysitter war dank meines Bankdispos (tief wie ein Abgrund) undenkbar, die Verwandtschaft zierte sich, schaute weg oder war nicht im Bilde, wie schlecht es mir gesundheitlich ging. Freunde besuchten mich immer seltener. Sie hatten selbst Kinder, und ich wohnte nicht mehr im Zentrum. Für die Kinder. Damit wir alle zur Ruhe kommen konnten. Theoretisch.

Ich hatte es irgendwie alles so gewollt.

«Warum ist der Junge denn nicht im Kindergarten?», fragten meine Eltern.

Deshalb nicht. Aus Gründen. Basta.

Wenn meine Familie, meine Mutter, mein Vater, meine Schwester einhüten, kommen auch heute noch die guten Ratschläge stets kostenfrei dazu. Ich wäge regelmäßig ab, ob ich das ertragen möchte oder lieber eine Bronchitis verschleppe. Damals entschied ich mich für Letzteres.

Meine Tage unterschieden sich durch nichts. Wegen des ständig schreienden Babys oft nicht einmal durch Tag- oder Nachtzeiten, Schlaf-, Dämmer- oder Wachphasen. Ich sah mich von außen, als Hausfrau, als Mutter, und fühlte mich wie eine Statistin in meinem eigenen Film.

Wie hatte es so weit kommen können? Wie war ich zu einer

Mutter geworden, die «mal rauskommen» dazu sagte, wenn sie Klamotten für die Kinder kaufte, die in Pankow «im Grünen» wohnte, fernab von ihren alten guten Freundinnen, und die abends nicht mehr die Kraft und die Notwendigkeit fand, rauszugehen – eines der Kinder hätte ja nach der Mama schreien können. Unsere Ehe hatte schon mehr als einen Riss. Wir schliefen in getrennten Zimmern, Marius im Gästezimmer, ich im großen Bett. Ihm zu vermitteln, was ich durchmachte, was mich selbst so fertig machte, jeden Tag, die Schwere der Verantwortung, dass mein Körper ständig wund und krank war, ich gereizt und traurig, auch wenn ich für die Kinder lachte – das alles mit ihm zu teilen, hatte ich längst aufgegeben.

Mit etwas Abstand gelingt es mir heute besser, zu verstehen, wie es so weit kommen konnte.

Veränderungen von gesellschaftlichen Prozessen, Revolutionen und Umstürze beginnen leise, so auch im Kosmos Mutterschaft, der nicht weniger politisch ist als eine Bundestagswahl. Ich erinnere mich noch gut, wie ich mit dem sechs Monate alten Maxime auf einer Spielplatzbank in Prenzlauer Berg saß. Ich lebte mein Leben in einer Blase, die ich erst vor wenigen Monaten mit unserem Umzug aus Berlin-Mitte betreten hatte. Eine Welt aus Hipster, Bio, Bobo und Globuli. Ich hatte damals ein Buch über die Konflikte einer Frau mit ihrer ersten Schwangerschaft veröffentlicht und einen der ersten Mama-Blogs gegründet, auf dem ich naive Beiträge über meinen Alltag schrieb – folgerichtig fühlte ich mich wie eine lokale Berühmtheit auf dem Kollwitz-Spielplatz. Viele der umsitzenden Mamas, die ihre Säuglinge bäuchlings auf den warmen Sand oder ein süßes Deckchen auf der Wiese gelegt hatten, suchten meine Nähe.

Das kam mir entgegen, denn ich wollte neue Leute aus der Gegend kennenlernen und ich quatsche auch sehr gerne.

«Wie alt ist denn dein Kind?», war immer eine willkommene Einstiegsfrage der Mütter an mich, die noch unbekannte Banknachbarin. So absurd es klingt, ich hatte das Gefühl, dass viele Kontakt zu mir wollten, weil sie meinen Blog kannten – Mama-Blogs waren noch eine eher neue Sache.

Dann ging es aber auch darum, ob man den richtigen Kinderwagen besaß, die korrekte Schuhmarke trug und an der richtigen Adresse wohnte. Ja, man checkte sich ab – und das durchaus nach sozialen Kriterien. Selbst im Kindergarten oder in der Schule wurden die Kinder von anderen Müttern mit prüfendem Blick begutachtet. Mit wem das eigene Kind spielte und mit wem es aufwachsen sollte, überließen hier wenige dem Zufall. Anders als auf dem Dorf laden die Diversität der Großstadt und ihre unendlichen Möglichkeiten geradewegs zu diesem Verhalten ein. Man sortiert sich in Grüppchen, vergleicht sich, bemustert sich, sieht sich selbst von außen, prüft sich und findet so seine Clique.

Es war für mich nicht schwer, in diesem Paralleluniversum die Mütter-Mafia, die Hardlinerinnen auszumachen. Sie waren meistens gertenschlank, sie stillten lange und intensiv, sie sahen gut aus oder mindestens sehr gepflegt, trugen ihre Babys in bunten Tüchern, hatten keine Schnuller, keine Trinkflaschen, denn das hätte dem anthroposophischen Weltbild widersprochen, und ließen ihre Kleinkinder stets barfuß und möglichst windelfrei über die Sandfläche laufen. Wenn die Kinder Spielzeug dabeihatten, dann nur aus Holz, wenn die Mütter Kaffee tranken, dann nur Hafer-Latte, wenn es Süßigkeiten gab, dann die getrocknete Mango von Rapunzel. Auf den zweiten Blick waren viele von ihnen sehr gut ausgebildet, waren Hausfrauen mit Promotionstitel oder wenigstens MBA-Degree einer britischen oder amerikanischen Uni, studierten jetzt Back- und Erziehungsbücher, hatten eine Hausgeburt erlebt, was eine sehr gute und selbstbestimmte Erfahrung war, wie mir immer wieder versichert wurde.

Ich dagegen war die Kaiserschnitt-Mama. Ob da Gewalt in der Geburtshilfe am Werke gewesen sei, wurde ich manchmal gefragt. Nein, sagte ich dann. Die Ärzte hatten meinem Sohn das Leben gerettet. Schlechte Herztöne, kurzer Prozess. Das war dann okay. Es wurde zufrieden genickt. Aber trotzdem, wie schade. Na ja, beim nächsten Mal die perfekte natürliche Geburt – versprochen.

Eine von ihnen, Sandrine, war Amerikanerin, blond mit Sommersprossen, groß gewachsen, immer sehr modisch in Kaschmir, Faltenröcke und Sandalen gekleidet. Ich glaube bis heute nicht, dass sie es böse meinte, sie wusste es einfach nicht besser. Ich fand sie faszinierend, und sie dachte, sie hätte in mir das perfekte Opfer einer Missionierung hin zur anthroposophischen Elternschaft gefunden. Völlig verunsichert durch das herbeigeredete Kaiserschnitt-Trauma und noch ganz unbedarft als junge Mutter. Ich war für sie ein leeres Glas, das es mit Dogmen zu füllen galt.

Die Mutterschaft wurde an jeder Ecke aufgeladen, als würde es um einen Beitrag hin zu einer besseren Welt gehen. Das Muttersein war Anlass für so viel Wut, so viele hitzige Diskussionen um Themen wie Impfen, Stillen, Kinder tragen, windelfrei, Kita-frei, Dings und Bums. Das Kind krönte und unterstrich in diesem Kosmos, in dem alle flexitarisch, Lactose-befreit, yogisch erleuchtet oder überzeugte Einrichtungsminimalisten waren, die jeweilige Individualität. Damals fühlte ich mich davon komplett unter Druck gesetzt. Ich dachte, dass ich nicht informiert genug gewesen sei und jetzt mühevoll nacharbeiten müsste, um zu wissen, was für meinen Baby-Sohn gut war.

Sandrine war jedenfalls eine bekennende Nicht-Impferin, die ihre Tochter Lou nicht vor dem dritten Lebensjahr in den Kindergarten geben wollte, aber sie war durchaus zur Selbstironie fähig, und deshalb freundeten wir uns an. Als ich ihr von Maximes Nussallergie erzählte, hörte sie betroffen zu und riet mir gleich zur Homöopathie.

«Sie ist ein bisschen teuer, musst du aber wissen», warnte mich Sandrine vor ihrer Homöopathin.

«Wie teuer?», fragte ich.

«80 Euro die Stunde. Exklusive der Präparate, die sie dir aufschreibt.»

Ich nickte.

«Sie wird dir empfehlen, eure Ernährung umzustellen.»

«Okay.»

«Keine Kuhmilch, keine Eier, kein Weizen, kein weißer Zucker.»

«Aber was für Milch dann?»

«Schafsmilch.»

Ich nickte ungläubig, leistete aber dennoch Folge. In den nächsten zwei Jahren besuchte ich die Homöopathin, die ich bald mit Vornamen ansprach. Kaufte Schafsmilch. Den Viertelliter für vier Euro.

Von meiner jetzigen Warte aus betrachtet, habe ich das Gefühl, dass ich mich damit im Grunde von meinem schlechten Gewissen freikaufte. Von dem Gefühl, gelangweilt von meinem Kind und mir selbst zu sein. Dem Gefühl, Maxime im Mutterleib etwas Unrechtes angetan zu haben, etwas falsch gemacht zu haben, das zu seiner Allergie geführt hat, die bis heute lebensbedrohlich für ihn werden kann.

Die Homöopathin tat ihr Übriges, diese Dämonen in mir wachzuhalten. Sie schaffte es, einen Zusammenhang herzustellen zwischen Maximes Allergie und meinem Verhalten nur Stunden vor seiner Entbindung.

«Sie waren auf einer Party?», fragte sie mich.

«Na ja, es war ein Stehempfang. Da standen große Schüsseln mit Ferrero-Rochers. Ich glaube, ich habe vier Stück gegessen.»

Die Homöopathin nickte vielsagend. Ferrero-Rocher, Haselnuss, Angsthormone, Gift für das Ungeborene. Sie durchbohrte mich mit ihrem Blick.

«Ja, da haben Sie es doch.»

Geknickt ging ich nach Hause. Hatte sie recht? Sollte ich an Dinge glauben, die unter der Kategorie «Gefühlte Medizin» liefen?

Ich lernte, dass Schuld und Unvermögen unverzichtbare Accessoires der modernen Mutter sind. Elternsein schien vor allem hierzulande eine sehr ernste, völlig humorlose Angelegenheit. Verknüpft mit einer Ideologie, die in meinem Fall «Attachment Parenting» hieß.

Die Philosophie der Attachment Parenting hat der amerikanische Professor für Kinderheilkunde und Kinderarzt Dr. William Sears entwickelt. Ziel ist es, eine sichere Bindung zwischen Kindern und Eltern zu schaffen, sodass die Kinder zu gesunden und emotional stabilen Individuen heranwachsen können, was wiederum die Grundlage für eine emotional gesunde Gesellschaft ist. Bis hierhin würden sicher viele zustimmen. Doch um das zu erreichen, ist laut Sears ein maximal responsives Verhalten der Mütter auf die Bedürfnisse der Kinder geboten. Auf gut Deutsch heißt das: Lass dein Kind auf keinen Fall schreien, es sei denn, du steckst in einer Felsspalte fest. Benutze den Kinderwagen zum Transport deiner Einkäufe und trage dein Baby in einem Wickeltuch – am besten direkt an der Haut. Teile das Familienbett mit den Kindern, auch wenn das bedeutet, dass der Partner auf die Couch umziehen muss. Still dein Baby so lange und so oft es will, auch wenn das bedeutet, dass du nachts zwanzig Mal wach wirst.

Attachment Parenting war für die Mütter in meiner Umgebung wie Sandrine und schließlich auch für mich wie eine Einstiegsdroge, ein Ticket in die Hölle der Selbstoptimierung. Stillen und Tragen sind der Anfang. Das Ende: Bernsteinkettchen, ätherische Öle, Chiropraktiker, Trageberatung, Babymassage-Kurse – und jeden Tag das dumpfe Gefühl, dass es doch nicht genug war. Dass man zwar alles richtig machen will, es die anderen aber irgendwie besser können.

In diesem Optimierungswahn verschaffte einem die Schwäche einer anderen Mutter sofort ein Gefühl der Überlegenheit, auch deshalb drifteten Gespräche zwischen Sandrine, den anderen Müttern und mir zunehmend in eine passiv-aggressive Richtung.

«Du hast einen Babysitter? Also wir lassen uns damit noch Zeit und wollen erst mal als Familie ankommen.»

«Du hast dein Baby schon geimpft? Dann stillst du wohl nicht voll, sonst würde es ja von deinem Nestschutz profitieren.»

«Du willst schon wieder arbeiten gehen? Also für uns kommt der Kindergarten erst in Frage, wenn Lena mir ihre Gefühle mitteilen kann.»

«Dein Kind hat Karies? Dann überleg mal, was es dir innerlich sagen möchte, wenn ihm schon der Mund wegfault.»

Über Stoffwindeln erklärte mir Sandrine Folgendes: «Du brauchst ab der Geburt etwa 20 Mulltücher am Tag. Weil du sie auch waschen und trocknen musst, brauchst du insgesamt also etwa 60. Plus die Klammern, die Windelhöschen macht das in etwa 400 Euro, die du einmalig investierst. Viel besser als Plastikwindeln und am Ende auch günstiger.»

Dazu kam aber der Zeitaufwand, die Stunden, die – im wahrsten Sinne des Wortes – «Scheiße» zu waschen, die Stromkosten, überlegte ich im Stillen weiter. Das galt es gegen die Benutzung der «bösen Wegwerfwindeln» abzuwägen. Immerhin hier knickte ich nicht ein. Aber ich kaufte natürlich keine Pampers, sondern irgendeine Öko-Marke.

Wir wollten alle das Beste für unsere Kinder, und so mussten es mindestens der Wolle-Seide-Body sein, die Lederschuhe mit Sohlen aus Naturkautschuk, der Basen-Brei aus dem Reformhaus. Es mussten der Musikkurs, der Besuch im Kindercafé und der ausgedehnte Aufenthalt auf dem Spielplatz sein. Wer am längsten die Bank drückte, nein, besser noch im Sand mitspielte, hatte den Tagessieg errungen: die Esssterne, die Million, die goldene Pastinake oder einfach nur den meisten Sand in den Schuhen.

Ging es darum, herausragende Leistungen als Mutter zu

erbringen, weil man keinen Job mehr hatte, in dem man sich profilieren konnte? Die perfekte Familienmanagerin, die sich liebevoll um die Bedürfnisse aller kümmert und der es reicht, dass sie zum Muttertag dafür ein lila Milka-Herz bekommt? Wurde hier Hausfrauentum mit Entschleunigung und Achtsamkeit verwechselt? Das bekam ich damals alles schon nicht mehr richtig sortiert.

Denn Attachment Parenting, das habe ich leider erst viel später begriffen, sorgt nicht immer für glücklichere Babys, aber fast immer für die Überforderung der Mütter und den maximalen Frust durch den ständigen Vergleich mit anderen Eltern. Attachment Parenting ist gut gemeint. Sich nach den Bedürfnissen des eigenen Babys zu richten ist sicherlich auch sinnvoll. Eine komplette Symbiose mit seinem Kind einzugehen ist jedoch nicht nur unnötig anstrengend für die Eltern, sondern in den Augen vieler Kinderpsychologen schlicht pathologisch.

Ich habe einmal in einem Artikel bei *Zeit Online* gegen Attachment Parenting argumentiert und dafür geradezu einen Shitstorm der AP-Community geerntet. Ich hätte das Wesen von Attachment Parenting einfach nicht verstanden und sei selbst schuld, wenn ich es falsch auslegen würde, warf mir die Internet-Community unter anderem vor. «Diese Reaktionen gleichen», schrieb daraufhin die Politikwissenschaftlerin Ursula Stark Urrestarazu in ihrer Analyse, «den problematischen Argumentationsmustern, die häufig in politisch-ideologischen Diskursen auftauchen: Nicht die Ideologie ist falsch, sondern der Mensch, der sie (meist falsch) umsetzt. Ähnlich wurde in der Vergangenheit etwa das Scheitern des Sozialismus kommentiert.» Laut Stark ist dieses Problem «typisch für politische Ideologien und die dazugehörigen Programmatiken: Menschen, die sich ihnen zugehörig fühlen, verbinden meist mehr damit als den konkreten Inhalt. Sie ziehen einen Großteil ihrer Identität aus der praktischen Umsetzung ihrer Ideologie.» Statements in sozialen Medien wie «Ich bin eine Still-Mami» oder «Ich bin eine Trage-Mami» klingen für die Wissenschaftlerin daher nicht wesentlich anders als «Ich bin Sozialistin» – sie transportieren für Stark «die Zugehörigkeit zu einem politischen Lager, das als das ‹richtige› wahrgenommen wird».

Das «richtige» Verhalten an den Tag legen – ja, das wollte ich auch. Um jeden Preis. Und deshalb sind solche Ideologien vielleicht gerade für gut ausgebildete Frauen so gefährlich. Sie suggerieren, dass es einen Plan gibt, ein System wie in der Schule, in der Lehre, an der Uni, bei dem Sternchen und Einsen verteilt werden, wenn man alles richtig macht. Das einem das Denken abnimmt. Alles wird gut, solange man sich an die Vorgaben hält. Solche dogmatischen Erziehungsmuster sind aber gerade in Kombination mit dem Perfektionismus vieler Mütter eine toxische Mischung. In New Yorker Elternberaterkreisen spricht man bereits von der «posttraumatischen AP-Störung». Die Journalistin Kate Pickert erzählt in einem Artikel von dem US-Paar Joanne und Daniel, das sich lange nach den Prinzipien des Attachment Parenting gerichtet hat. Ihr soziales Leben, hatten die beiden ihr berichtet, sei mit Beginn ihrer Elternschaft vorbei gewesen. Das Paar ging nicht mehr aus, und Joanne aß nicht mehr zu Mittag mit ihren Freundinnen, weil es mit ihren Still-Zeiten kollidierte. Das einzige Mal, schreibt Pickert, dass Joanne ein Kind in die Obhut anderer gab, war, als sie in den Wehen mit dem nächsten lag.

Das klingt extrem und nach einer Ausnahme, allerdings kann ich aus Erfahrung versichern: Ist es nicht. Im Gegenteil. Ich kenne mehr als drei Mütter, die für die Stunden ihrer zweiten Hausgeburt nicht einmal einen Babysitter einplanten, sondern damit rechneten, dass das erste Kind sich dann instinktiv ruhig verhalten würde, wenn Mami im Wohnzimmer in den Wehen liegt. Mittlerweile stelle ich mir, ähnlich wie die Journalistin Kate Pickert, die Frage, ob die AP-Bewegung nicht vielleicht ein frauenfeindlicher Plot ist, um Mütter an ihr Hausfrauen-Dasein zu binden. Das ist sicher etwas überspitzt formuliert, aber bedenkt man, dass langes Stillen, ein gemeinsames Bett und viel Tragen im Attachment Parenting erstrebenswert ist, kommt man relativ leicht zu dem Schluss, dass diese Philosophie nicht unbedingt bürokompatibel ist. Heraus kommt im schlimmsten Fall eine Generation von Müttern, die ihre eigene Erschöpfung als natürliche Begleiterscheinung akzeptiert und der es nicht in den Sinn kommen würde, auch andere in die Pflicht zu nehmen – sei es ein rücksichtsloser Partner, der Staat, die Arbeitgeber, die womöglich von diesem klassischen Familienmodell profitieren.

Die Politikwissenschaftlerin Mariam Tazi-Preve erklärt in ihrem Buch «Das Ende der Kleinfamilie», dass eine funktionierende Marktwirtschaft ohne das Modell der Mutter-Kind-Familie undenkbar sei. Wenn Mütter es zu Hause aushielten, sei damit auch dem Arbeitsmarkt und dem Handel mit Konsumgütern dauerhaft geholfen.

Das Dilemma zwischen Elternschaftsidealen und eigenen beruflichen Träumen teilen viele. Wie kann ich arbeiten und mich selbst verwirklichen, wenn meine Kinder nicht jeden Tag mindestens sieben Stunden einen Kindergarten besuchen? Wie kann ich meine Kinder lustig in einem Bollerwagen durch den Wald ziehen und bunte Herbstblätter sammeln, wenn ich nach einem langen Bürotag nach Hause komme? Und wie kann ich das bunte Planschbecken im Garten mit Wasser füllen und den Sommer genießen, wenn ich laut Arbeitsvertrag nur 28 Tage Urlaub habe?

Ich machte eine Mutter-Kind-Kur an der Ostsee, begann eine Paartherapie, verbrachte ein Wochenende bei meiner Schwester in Hamburg, bis ich verstand, dass ich nicht die Art von Mutter bin, die darin aufgeht, meiner Tochter und meinem Sohn jeden Tag eine unvergessliche, goldene Kindheit zu bescheren.

Eines Tages saß ich mit meiner Freundin Nina in einem Starbucks-Kaffee. Es war eher Zufall. Wir wollten nur kurz einkehren und dann weiter zu irgendeinem dummen Kinderklamotten-Sale. Ich saß in einem dieser grünen Samtsessel und fing an zu heulen. Es brach einfach alles aus mir heraus. Die Monotonie und die Verausgabung im Alltag, die Unzufriedenheit mit meinem Leben und mit meiner Beziehung, der Wunsch, jemand anderes zu sein. Irgendjemand zu sein, nur nicht ich selbst.

Nina, eine meiner lieben Freundinnen, eine der wenigen Journalistinnen, die ich kenne, die trotz ihrer zwei kleinen Kinder keine ausgedehnte Elternzeit gemacht haben, hörte mir aufmerksam zu.

«Nun», sagte sie dann. «Es werden tatsächlich noch Redakteure bei uns eingestellt.»

Aber das kannst du nicht machen, Caro. Das sind lange Tage, sagte eine mahnende Stimme in meinem Kopf. Laut sagte ich:

«Egal, ich will das. Ich werde noch wahnsinnig zu Hause. Ich will das unbedingt.» Und weinte und weinte und weinte.

«Gut», sagte Nina fest. «Ich frage für dich.»

Ich war so unendlich erleichtert.

Wenige Tage später, als ich mit den Kindern nachmittags vom Reiten zurückfuhr, erreichte mich ein Anruf. Ein Vorstellungsgespräch. «Ja», versicherte ich, «meine Unterlagen bringe ich alle mit.»

Und völlig überraschend klappte es.

Als ich dann kurz vor meiner Trennung von Marius anfing, in dieser großen Redaktion zu arbeiten, war ich angespannt. Ich wurde rumgeführt, schüttelte die Hände der neuen Kollegen, kam an meinen neuen Schreibtisch. Der Blazer saß vielleicht ein bisschen zu eng, die Jeans auch, ich musste erst noch meinen Bürostil finden. Auch mein Selbstbewusstsein war noch nicht ganz wieder da. Der Abstand zu meinen Kindern war von meinem Schreibtisch aus zwar nur drei Kilometer, aber gefühlt lag ein Ozean zwischen uns. Ich fragte mich, was sie wohl gerade machten. Ob sie mich vermissten? Oder einfach eine Höhle bauten? Hatte Maxime gerade seinen ersten Wackelzahn und würde mir später davon erzählen? Die tägliche Trennung von meinen Kindern war hart. Und ich hatte Momente, in denen ich am liebsten vom Schreibtisch aufgesprungen und panisch nach Hause gelaufen wäre.

Doch ich hielt die ersten Wochen durch, und dann passierte etwas Merkwürdiges und Wunderbares. Als ich wieder anfing zu arbeiten, formte sich mein Selbstbild neu. Stolz sah ich, wie meine Tochter neuerdings ihrer Puppe Annabell erzählte, dass sie jetzt arbeiten gehen müsse. In die Praxis. Sie sei nämlich eine Ärztin. Weil sie Babys liebt. Und weil sie die Allergie ihres Bruders heilen will. Diese Augenblicke zeigten mir ganz deutlich, dass es richtig war, arbeiten zu gehen und meine Tochter, obwohl sie noch sehr klein war, nicht den ganzen Tag selbst zu betreuen. Weil ich überzeugt bin, dass positive Vorbilder wichtig sind – und ich wollte meiner Tochter ein positives Vorbild sein.

Die Tatsache, dass ich wieder ein eigenes Gehalt bezog und mich nicht mehr wie eine Bittstellerin fühlte, die Haushaltsgeld von ihrem Mann überwiesen bekam, änderte alles. Es machte meinen Kopf frei, ich merkte erst jetzt ganz bewusst, in was für einem Abhängigkeitsverhältnis ich mich zu meinem Mann befand und dass ich frei war, meine Ehe, in der ich unglücklich war, zu beenden. Absurderweise haben mir erst der Job, das selbst verdiente Geld, die Stunden ohne Kinder die Augen geöffnet und mir den Mut gegeben, wieder glücklich zu werden.

Wenige Wochen später trennte ich mich tatsächlich.

Persönlich glaube ich bis heute ein Stück weit an die Spielplatz-Verschwörungstheorie. Dieser ständige unterschwellige Wettkampf um das bessere, richtigere Leben. Die Entscheidung, eine Hausfrau sein zu wollen, ideologisch aufzuladen. Die meisten Mütter, die ich von früher kenne, arbeiten bis heute nicht. Viele von ihnen schieben es auf die Kinder, die mittlerweile allerdings meistens in der Ganztagsschule sitzen. Was mich betrifft, so sind in ihren Augen meine vermeintlich prekären Verhältnisse daran schuld, dass ich arbeiten muss. Oder sie halten mich für verbissen und ehrgeizig. Andere freuen sich für mich, aber sie applaudieren leise.

Neulich traf ich Sandrine wieder, als ich an einem freien Tag bummeln war. Sie hatte wie ich mittlerweile zwei Kinder, das dritte war unterwegs. Ich erwischte sie ausgerechnet, als sie eine Box Wegwerfwindeln an der Kasse des LPG-Biomarktes bezahlte. Den Stoffwindel-Berg will sie sich bei Kind Nummer drei wohl nicht mehr antun, schloss ich daraus.

«Du siehst gut aus», sagte sie. Wir lächelten uns an. Und gingen mittagessen im Bistro des Marktes.

Wir sprachen über die Schule ihrer Mädels (eine Waldorfschule), ihre Beziehung (Paartherapie), das dritte Kind (ein freudiger Unfall und Resultat der Paartherapie) und sonst weiter eigentlich nichts. Mir fiel bei dieser Gelegenheit auf, dass ich selbst mit meinen guten Freundinnen, die Kinder haben, selten über Kinder rede. Dass es dann eher um andere Dinge wie Beruf, Filme, Bücher oder Reisen geht. Während sie redete, fing ich an, mit dem Finger unsichtbare Krümel vom Café-Tisch zu wischen. Die Gesprächspausen wurden länger. Es war klar, dass Sandrines und mein Leben nur noch wenig miteinander zu tun hatten. Dass sich unsere Interessen nur für das kurze Babyjahr unserer ersten Kinder überschnitten hatten. Zum Abschluss sagte Sandrine, dass es einen tollen Yoga-Kurs gebe. Am Samstag. In der Remise. Und dass wir mal mit den Kindern in den Wald gehen sollten. Ich nickte. Wir umarmten uns. Ich fragte mich, ob ihr in diesem Moment ebenso wie mir klar war, dass es nie dazu kommen würde.

Wie wir das bloß alles schaffen

Als ich bereits eine ganze Weile mit den Kindern alleine in unserer neuen Wohnung lebte, machte ich einmal den Fehler fernzusehen. Ich war abends nach der Arbeit in der Redaktion kaputt, die Augen zu müde zum Lesen. Der Telekom-Mann, den ich für den DSL-Internet-Anschluss benötigte, war immer noch mitten in der Terminfindung und damit noch Lichtjahre entfernt von unserem Haus. Ich zappte mich also durch die Programme und blieb im Berliner Regionalfernsehen bei einer Reportage über Alleinerziehende hängen. Hängenbleiben ist das richtige Wort. 45 Minuten lang klebte ich mit halboffenem Mund und gekräuselten Augenbrauen auf meinem Sofa. Wie eine Schaulustige bei einem Unfall.

Da waren sie, die Protagonistinnen. Fettleibig, ohne Stolz oder Selbstachtung, ausrangiert, liegen geblieben. Loserinnen zwischen RTL2, Hartz IV und tyrannischen Kindern auf einer vollgekrümelten fleckigen Couch. Diese armen Frauen, sie taten mir leid. Sie dachten sich nichts Böses dabei, als sie den Vertrag beim öffentlich-rechtlichen Sender unterschrieben – WEIL DIE DA JA SO SERIÖS SIND UND MAN DAS JA MAL MACHEN KANN – und sie sich dabei noch über die 300 Euro Gage freuten. Sie wussten sicher nicht, dass sie komplett vorgeführt werden würden. Dass der Beitrag, in dem sie ihre Kinder, ihre Wohnungen zeigten, ähnlich entwürdigend sein würde wie die Show «Schwiegertochter gesucht» oder «Bauer sucht Frau». So viel Schäbigkeit, so viel Schund. Ich rief sofort Julika an.

«Das ist unfassbar, Juli, mach mal rbb an», rief ich ins Handy.

«Ich habe doch kein Fernsehen», zischte sie zurück. «Kann ich gleich zurückrufen?»

«Egal, dann nehme ich es dir auf. Da sind Single-Mütter in so einer Alltagsreportage, aber die könnten auch obdachlos sein oder in der Suchtklinik sitzen, das kann ich jetzt auch nicht festlegen.»

Ich rang nach Worten.

Ich arbeite seit über zehn Jahren in verschiedenen Redaktionen, sprich in der Medienbranche, und kann ohne Übertreibung behaupten, dass ich (fast) alles gesehen habe. An der Journalisten-Schule und in der Praxis. Die Bloßstellungsrituale von Menschen in Artikeln und Fernsehbeiträgen – rauf und runter. Die stereotypen Darstellungen, die vor gewissen Chefredakteuren am besten ziehen, weil sich die Welt so am leichtesten ordnen lässt. So kommt es, dass es im Fernsehen oder in Zeitungen manchmal vor Klischees nur so scheppert.

Ein Obdachloser schiebt immer einen Einkaufswagen vor sich und zieht einen Hund hinter sich her. Ein begeisterter Sportschütze, der die US-Waffenlobby verteidigt, bewohnt eine Schrottimmobilie im Osten Deutschlands und reguliert hobbymäßig die Rotwildbestände in den Brandenburger Wäldern. Laubenpieper schieben immer etwas mit einer Schubkarre in ihrem Garten rum. Die Kleinfamilie posiert lachend unter einem Sonnenschirm am Strand von Mallorca. Eine Prostituierte ist immer in schwarzer Korsage und Netzstrümpfen zu sehen und hat ein Glas Sekt in der Hand. Und die Alleinerziehende sitzt eben auf ihrem fleckigen Sofa, raucht, legt nebenbei Wäsche zusammen, während das jüngste Kind ihr am Bein zieht, und beschwert sich, dass die Sozialhilfe vorne und hinten nicht reicht. Es sind Gesellschaftsbilder, die wieder und wieder produziert werden, obwohl sich die Welt weitergedreht hat und die Gesellschaft mit ihr. Das fällt einem natürlich meistens erst auf, wenn man selbst zu einer dieser Gruppen gehört, aber deshalb nicht gleich zum Klischee werden möchte. Ich wünschte mir, wir würden mehr Nuancen zulassen, große und kleine.

Alleinerziehende sind so unterschiedlich wie alle anderen auch. Viele leben prekär, aber es gibt auch die Mütter, die in einer bewussten wohlüberlegten Entscheidung ihren DIY-Lebensentwurf ohne Mann geplant haben. Bei mancher Single Mom hat eine Beziehung nicht funktioniert, die eine Trennung war schwerer, die andere leichter. Es stimmt, viele Alleinerziehende leben hierzulande von Sozialleistungen, ein Drittel, um genau zu sein. Aber wer als Fernsehredakteur oder Journalist immer nur in sogenannten Problembezirken nach alleinerziehenden Protagonistinnen sucht, kann genauso gut in ein Großbordell gehen, um die wichtigsten Aktionäre und Hedge-Fonds-Manager zu treffen. Vorurteil und Wirklichkeit sind weit voneinander entfernt. So viel zur Kunst, gekonnt an der Realität vorbeizurecherchieren.

Ich bin natürlich nicht die Einzige, die sich über das öffentliche Bild von Single-Müttern ärgert. «Alleinerziehende dafür zu loben, dass sie ihren Alltag bewältigen, ist ungefähr so sympathisch, wie Türken dafür zu preisen, dass sie gut Deutsch sprechen. Wer so redet, verleiht Menschen einen Exotenstatus, die überwiegend ein normales bürgerliches Leben führen und so behandelt werden wollen. Auch positive Diskriminierung ist Diskriminierung», schrieb die Autorin Elisabeth Niejahr einmal in der *Zeit*. Sie trifft damit den Nagel auf den Kopf. Schon das Wort alleinerziehend ist genau genommen irreführend. Entweder Eltern sind getrennt und die Kinder wohnen bei einem Elternteil – statistisch gesehen zu 90 Prozent bei der Mutter –, dann sollte es eher teilerziehend heißen, gerade weil sich viele das Sorgerecht teilen und der andere Elternteil genauso verantwortlich ist. Oder aber ein Elternteil hat das alleinige Sorgerecht, was aber eher selten bedeutet, dass kein zweiter verantwortlicher Elternteil zumindest in der Theorie vorhanden ist. Folgerichtig ist eine Mutter oder ein Vater nur dann wirklich alleinerziehend, wenn der Partner gestorben oder bewusst nicht eingebunden ist oder wenn sich jemand komplett aus der Verantwortung stiehlt.

Zwei meiner Freundinnen sind komplett ohne Partner, aber von komplett alleinerziehend kann man dennoch nicht wirklich sprechen: In Julikas Fall hat sich der biologische Vater, der in Boston lebt, für einen Monat im Jahr eingeklinkt, und Julikas Mutter kommt an manchen Wochenenden zum Aufpassen aus Leipzig nach Berlin.

Bei meiner Freundin Maria ist es ähnlich. Ich kenne sie seit fünf Jahren. Das erste Mal sind wir uns im Wartezimmer eines Kinderarztes begegnet. Maxime, damals gerade ein Jahr alt, war krank, ihm lief es wie den anderen auf dem Boden spielenden Kindern grün und gelb aus allen Gesichtsöffnungen. Wir

Mütter – es waren tatsächlich nur Mütter anwesend – saßen im Stuhlhalbkreis um die Kinder herum und versuchten, ein paar Minuten zur Ruhe zu kommen, bevor die Sprechstundenhilfe uns aufrief. Nach den durchwachten Nächten mit krankem Kind sahen wir alle aus wie Trümmerfrauen, nur eine unter uns nicht. Und das war Maria. Sie hatte einen strahlenden Teint, die Haare zu einem wippenden Pferdeschwanz gebunden, trug roten Lippenstift und den dazu passenden kirschroten Nagellack. Auf ihrem Schoß wippte sie ihre drei Monate alte Baby-Tochter. Neugierig beobachtete ich die Szene. «So, ich kann nicht mehr», sagte sie auf einmal zu ihrem Baby. Es weinte sofort los.

«Ah, ich habe doch wieder Lust», sagte sie schnell und wippte weiter ihre Knie. Ganz entspannt.

Warum sah bei ihr alles so leicht und lässig aus? Eine Prise Humor, ein bisschen gute Laune, auch wenn der Morgen nach Johanniskraut und Paracetamol verlangte. Ich sprach sie an, und wir verstanden uns auf Anhieb. Vielleicht weil wir beide aus der Nähe von Köln stammen, vielleicht weil wir ähnlich spontan und intuitiv in unseren Entscheidungen sind. Wer weiß. Ich erfuhr, dass ihre Tochter Gabrielle heißt, dass sie von Anfang an mit ihr alleinerziehend war, dass sie in Boston Film studierte, in Barcelona und Buenos Aires lebte, Regisseurin ist und Filme macht, darunter viele Werbespots, und durch ihre Selbständigkeit keine lange Elternzeit nehmen konnte.

Trotz der Verantwortung, die sie schulterte, wirkte Maria auf mich angstfreier, fröhlicher und unerschrockener als alle Mütter, die ich sonst kannte. Sie war eine echte Erfrischung. Eine Abwechslung vom sonstigen Spielplatz-Geschwafel über

Pastinakenbrei, Einlagensicherung und den letzten Urlaub an der Ostsee.

Wir gingen nun hin und wieder nachmittags zum Italiener, gönnten uns ein Glas Rotwein, redeten über Bücher und Filme, während unsere Babys immer seltener schliefen und später unsere Kleinkinder ihre ersten Schritte durch das Café machten.

Wofür ich Maria bis heute vor allem dankbar bin: Sie korrigierte das Bild von Alleinerziehenden, das ich in meinem Kopf hatte und das damals ungefähr so aussah wie die Protagonistinnen aus der rbb-Reportage: sich sorgende, beschwerende, genervte, frustrierte Single-Mütter. Schreckgespenst einer damals noch verheirateten Frau wie mir. Ein Albtraum, der mit der Trennung anfängt, im finanziellen Desaster und in sozialer Isolation endet. Obwohl selbst Scheidungskind, war eine Trennung in meiner Vorstellung ein absoluter Tiefpunkt, ab dem ein Leben in Schönheit und Würde nicht mehr möglich sein würde. Ade Eames-Sessel, hallo, vollgekrümelte Couch.

«Du würdest dich ganz schön wundern», sagten Bekannte einmal zu mir, als ich anfing über eine Trennung vom Vater meiner Kinder nachzudenken. Das Leben alleine sei hart. Ja, dachte ich damals, aber deshalb im goldenen Käfig sitzen zu bleiben und zu hoffen, dass die Liebe irgendwann wiederkommt, ist doch auch keine Lösung.

Ich weiß von vielen Ehepaaren, die sich der Kinder wegen darauf geeinigt haben, zusammenzubleiben. Für mich wäre das nie in Frage gekommen. Auch Kinder merken doch, wenn es in einer Beziehung kracht. Was mir diese Beispiele und die seltsamen Ratschläge von Bekannten aber gezeigt haben: wie tief verwurzelt die Vorurteile gegenüber Alleinerziehenden sind.

Mir war es dann trotzdem lieber, mir gegenüber ehrlich zu bleiben und eine nicht mehr funktionierende Beziehung zu beenden. Dann eben: alleinerziehend sein, über Unterhalt diskutieren, Geld am Monatsende zählen, immer in der Hoffnung, dass die Landung im Leben ohne Partner weniger hart werden würde als befürchtet.

Mit Armut kannte ich mich immerhin ein wenig aus, und ich wusste, Not macht auch erfinderisch. In meiner Studienzeit in Hamburg jobbte ich zum Beispiel immer in der Gastronomie. Einfach aus der Logik heraus, dass ich so immer etwas zu essen bekommen würde. Irgendwas fällt immer ab – und so war wenigstens meine Grundversorgung gesichert. Manchmal hatte ich nur noch drei Cent in der Tasche. «Ich habe heute schon so viel Kaffee getrunken», log ich, wenn sich meine Kommilitonen in der Pause zwischen zwei Seminaren im Café einen Milchkaffee bestellten. Erst mit der Zeit verdiente ich etwas mehr und konnte mir entsprechend mehr leisten.

Eine Freundin von mir, Mascha, kann mich da locker übertreffen. Sie kam als Studentin aus Russland nach Deutschland. Heute ist sie Architektin. Damals hatte sie im Monat nur 500 Euro für alles inklusive ihrer Miete. Sie ist ein absolutes Mathematik-Ass, nahm in ihrer Kindheit in der Sowjetunion an Rechen-Olympiaden teil und hatte in ihrem Kopf – relativ easy für sie – kalkuliert, dass es ihr gelingen würde, sogar einmal im Monat auszugehen, solange sie sich nur von Haferflocken und Tiefkühlgemüse ernähren würde.

Ich will nicht noch weiter ausholen, aber solche Jahre schärfen den Überlebensinstinkt und nehmen einem etwas die Angst vor existenziellen Entscheidungen. Schon in meiner

Jugend war nicht viel Geld da, und vielleicht härtet das auch ab. Zumindest weigere ich mich, aus bloßer Angst vor Armut unglücklich in einer Beziehung zu bleiben, auch wenn das bedeutet, den Lebensstil abzuspecken oder – wie die Single Mom Erin Brockovich im gleichnamigen Film – vor einem Haufen unbezahlter Rechnungen zu sitzen.

Aber seit ich Maria kenne, weiß ich eben, dass in der Realität sehr wenig von diesen Klischees stimmen muss und für diese hoffnungsvolle Aussicht bin ich Maria dankbar. Natürlich ist sie auch nicht reich, doch sie führt ein gutbürgerliches Leben, auch weil sie viel und hart arbeitet, Kinderklamotten mit ihren Freundinnen tauscht, viel selber macht und nicht verlegen ist, Hilfe anzunehmen. Seit Gabrielles Geburt hat Maria Unterstützung von gefühlt hundert verschiedenen Freunden und ihrer Schwester bekommen, wenn sie Filme drehen, schneiden oder beruflich ganze Tage weg sein muss. Oft nahm sie Gabrielle auch mit zu ihren Jobs. Im Beruf auszusetzen wäre nicht ihr Ding gewesen. Zu groß war wiederum ihre Angst, keine Jobs mehr zu bekommen, wenn sie ein ganzes Baby-Jahr Pause machen würde. Zu groß aber auch die Lust, beruflich am Ball zu bleiben.

Wenn ich über Marias Türschwelle trete, rieche ich sofort Tee, Räucherstäbchen, Mandelpudding. Maria kann Sachen voraussagen, davon hat sie mich schon ein paar Mal überzeugt. Nur mit ihren Tarot-Karten will ich nichts zu tun haben, das verbietet mein katholisches Weltbild, die Tatsache, dass ein guter Christ keine Götzen verehren darf.

Neben dem bisschen Eso-Kram ist bei Maria und Gabrielle aber alles sehr normal. Eine Dachgeschosswohnung in Berlin-

Mitte mit Espresso-Maschine, Kunst an der Wand, Dielenboden, plüschigen Orientteppichen. Mit dem Laufrad flitzt Gabrielle zum Italiener um die Ecke. Da kennt man sie, seit sie drei Tage alt ist.

An Sommerwochenenden sitzen wir dort manchmal bis spätabends. Am Ende sind unsere Kids in Wolldecken gehüllt, schlafen in unseren Armen oder schauen aufs Tablet und essen die Chips vom Spätkauf, bis ihnen die Augen brennen und das Paprikapulver im Mund pikt. Letztes Silvester hatte Maria keinen Babysitter, also musste ihr Töchterchen auch da mit. In einem überfüllten Restaurant in Mitte, wo es auch eine kleine Tanzfläche gab, ließ sie Gabrielle ab Mitternacht auf einer der langen Sitzbänke schlafen. Die Babysitterkosten lagen an diesem Abend logischerweise bei null Euro – und für alle besorgten Eltern und Ratgeber-Pädagogen: Ich glaube, Gabi hat es überlebt.

In dieser Hinsicht war Maria immer ein Vorbild für mich. Als neuer Typus Alleinerziehende, die sich nicht ständig von gesellschaftlichen Standards ein Loch in den Kopf bohren lässt.

Das Prinzip, die Kids einfach einzupacken, war nach meiner Trennung anfangs eher aus der finanziellen Not geboren, aber deshalb nicht minder praktikabel. Einmal war ich bei Freunden zum Essen eingeladen und nahm Maxime und Lila kurzerhand mit, auch weil der Babysitter in letzter Minute abgesagt hatte. Meine Gastgeber, und auch die übrigen Gäste, waren zu meiner Überraschung und Erleichterung begeistert.

Maxime diskutierte eifrig mit am Tisch, schloss Freundschaft mit einem älteren Schriftsteller mit Rauschebart, der sich ihm als der Nikolaus vorstellte. Er bekam einen «Drink», einen Pfirsichsaft mit Party-Schirmchen und leuchtenden Eiswürfeln. Seine Schwester schlummerte schon nebenan im WG-Zimmer der Mitbewohnerin, die auf Reisen war.

Wenn wir bei meinen guten Freundinnen sind, lege ich mich dann manchmal später einfach zu den Kids, und wir fahren am nächsten Morgen nach Hause. Aber das sind natürlich im Ganzen dennoch Ausnahmen, und nein, ich habe das Rad nicht neu erfunden, weil ich meine Kinder mit zu Freunden nehme. Aber würde ich Maria nicht kennen, hätte ich nie den Mut gehabt, das von Anfang an durchzuziehen. Ich kenne mich. Ich hätte zu Hause gesessen und mich selbst bemitleidet, dass ich nie wieder weggehen kann und so allein bin, anstatt mir die Tür, die nie abgeschlossen war, selbst zu öffnen. Jede Mutter braucht mindestens eine coole Freundin zum Vorbild, Single Moms erst recht. Frauen, die sich nicht darum scheren, was andere sagen. Quengeln gibt es bei Maria nicht, sie hat immer ein Maoam in der Tasche. Und schlägt die Uhr fünf, ist es Zeit für ein Glas schweren Rotwein, während die Kinder spielen.

Marias Tochter Gabrielle ist jetzt sechs Jahre alt. Zwischen ihr und Gabis Vater hat sich nie eine Liebesbeziehung oder Freundschaft entwickelt, sagt Maria. Sie hat ihn das letzte Mal gesehen, da war sie in der achten Woche schwanger.

«Vieles war einfacher, als Gabrielle klein war», findet Maria im Rückblick. Weniger Abstimmung, keine Reibungsfläche in Erziehungsfragen – das erleichterte so manches Mal den Alltag. Für Maria war es nie «alleine mit Kind». Sondern immer «mein Kind und ich».

Irgendwann, als Gabi drei Jahre alt war, fragte sie zwischen Kindergartenheimweg und Gutenachtkuss beiläufig, warum sie keinen Papa habe, die anderen aber schon. «Da habe ich ihr sofort alles erklärt», erzählte mir Maria. Woher die Kinder kommen. Dass der eigentliche Akt zwar ein Kind entstehen lässt, aber noch keinen Papa macht. Dass manche Papas von Anfang an da seien, andere dafür ein bisschen mehr Zeit brauchten. Aber wenn sie es versuchten, könnten sie supertolle Papas werden. Dass es aber auch die gäbe, die es niemals schafften, ein Papa zu sein. Das läge aber dann an den Papas und nie an den Kindern.

Mit erwachsenen Worten gesprochen: Elternschaft erfordert Mut, manchmal Überwindung. Hat man aber einmal eine Bindung zu seinem Kind, eine gemeinsame Geschichte, Erinnerungen, Träume und Pläne, denkt man nicht mehr über die Tiefe des Wassers nach. Sprich: die Pflichten, die der Alltag bringt, die Sorgen, die in der Zukunft liegen mögen.

Und alles fließt. Alles entwickelt sich weiter.

Es gibt 2,7 Millionen Alleinerziehende in Deutschland. Je nach Statistik sind rund sieben bis dreizehn Prozent der Familien hierzulande Stief- beziehungsweise Patchwork-Familien. Bei diesen vielen möglichen Familienkonstellationen heißt es mittlerweile in der Realität: Der neue Freund der Mutter zieht das Kind mit groß, die neue Frau des Vaters übernimmt das Zur-Schule-Bringen, die Pflege- oder Adoptiveltern, Stiefeltern, Geschwister und Großeltern sind ganz selbstverständlich mit in den Alltag der Groß-, Klein- und Regenbogenfamilien eingebunden.

«Meine besten Freunde, davon gibt es vielleicht sechs, sind entweder mit jemandem zusammen ohne Kind oder allein mit Kind oder zusammen mit einem Kind aus der vorherigen Beziehung und einem Baby aus der neuen Beziehung», sagte Maria einmal zu mir.

Ich unterbrach sie. «Kennst du überhaupt eine normale Familie, also – Vater, Mutter, Kind, Eltern verheiratet?» Wir saßen in ihrer Wohnung in einem Meer aus Sitzkissen, die sie über die vergangenen zehn Jahre gesammelt hatte, und tranken Tee an einem heißen Sommertag. Die Fenster ihrer Altbauwohnung waren weit geöffnet, warme Luft wehte herein.

Maria überlegte kurz und sagte dann: «Ich glaube, wenn wir in einem Vorort von München wohnen würden, dann wären wir wahrscheinlich die Ausnahme. Aber hier waren wir immer die Norm.»

Die Norm – immer wird alles daran gemessen, ob wir es als «normal» ansehen. Genau das sollte uns eigentlich wundern, denke ich. Wie sehr das Modell der Kleinfamilie immer noch als Maß der Dinge gilt, wie wenige Menschen aber wirklich so leben. So geraten viele Mütter und Väter in die paradoxe Situation, Perfektion in einer Norm erreichen zu wollen, die es so eigentlich gar nicht mehr oder zumindest immer seltener gibt.

Während wir redeten, kam Marias Freund Paul vom Schwimmen nach Hause. Sie waren vor ein paar Wochen zusammengezogen. Ja, ganz richtig: Meine Maria, Ikone des Single-Mutter-Daseins, hatte eine Patchworkfamilie gegründet. Seitdem wir uns kennen, hing ich an ihren Lippen, wenn sie mir detailreich von ihren Affären erzählte, jetzt wo ich Single-Mutter war, hatte sie plötzlich die Seiten gewechselt. Ich ließ meinen Blick über ihre Bücherregale gleiten, über die neue Couch, das neue Boxspringbett, das Maria sich gerade mit ihrem Freund zusammen gekauft hatte. Jahrelang war ich diejenige gewesen, die von Maria als Ehefrau und Mutter zweier Kinder an der Türschwelle empfangen worden war, auf einmal nun wehte bei ihr ein Hauch von Spießigkeit, und bei mir drehte wieder alles frei. Ich würde nie ein erwachsenes Leben haben, dachte ich. Nie wieder eine Schrankwand kaufen, einen dieser bunten Retrokühlschränke besitzen. Ich hatte die Parkstraße verlassen und stand wieder auf Los. Nur dass ich anders als beim Monopoly nicht mehr mit einer Figur spielte, sondern mit dreien. Erstaunlich, wie dicht doch Heiraten und Familie-Gründen, Scheitern und Wieder-zurecht-Patchworken beieinanderliegen. Ein Kind, das bedeutet auch immer, nach dem besseren, dem schöneren Leben für das Kind zu streben. Den Entwurf dazu muss man sich aber selbst basteln und ihn wie bei einer guten Präsentation gegen alle anderen verteidigen können.

«Datest du eigentlich?»

«Was?»

Marias Frage riss mich aus meinem Tagtraum.

«Eine gute Frage», antwortete ich ihr. Ich überlegte kurz.

«Nein, ich date nicht», sagte ich zu ihr. «Ich bin gerade mal so halbwegs eingerichtet, die Arbeit macht mich fertig, die Kinder brauchen momentan superfeste Strukturen. Ich habe den Kopf dafür nicht frei.»

Maria begutachtete mich skeptisch.

«Schlimm, oder?», hakte ich nach, weil sie immer noch guckte, ohne etwas zu sagen. «Ich weiß noch nicht einmal, wen ich überhaupt suche, habe nicht einmal eine Phantasie, wer er sein könnte. Jemand, der schon Kinder hat, jemand, der älter ist und nie Kinder hatte, jemand, der jünger ist, und wir bekommen noch ein Kind. Keine Ahnung.»

«Ach, Caro», unterbrach mich Maria. «Vielleicht solltest du ja auch erst einmal nur Affären haben, ein bisschen Spaß, wenn dir wieder der Sinn danach steht. Stell dir vor, du hättest mit deinen jetzt 34 Jahren keine Kinder. Du würdest Typen nachhängen, die es nicht wert sind, nur weil du denken würdest, deine biologische Uhr tickt. Aber das ist ja nicht so. Du hast zwei Kinder – sogar Mädchen und Junge. Jetzt kannst du dich aus einer Position der Stärke neu entscheiden.»

Ich hing an Marias Lippen. So hatte ich das tatsächlich noch nie gesehen. Ich bin zu romantisch, mit zu vielen Disney-Prinzessinnen groß geworden, aber vermutlich hatte Maria recht. Warum musste ich immer in der Währung der großen Liebe denken? Auf einmal wurde mir klar, dass alleinerziehend zu sein auch viel damit zu tun hat, frei entscheiden zu können und vor allem: romantisch zu sein.

Wer auch immer irgendwann in mein Leben treten würde, ich musste ihn nicht als potenziellen Vater durchscannen. Auch nicht als Ersatzpapi oder netten Onkel, schließlich haben meine Kinder ja einen Vater. Wenn ich jemanden finden würde, mit dem ich unbedingt zusammen sein wollte, dann musste es jemand sein, der mich um jeden Preis wollte – und zwar mit den Kindern.

«Wie hast du mich überhaupt ausgehalten», fragte ich Maria plötzlich, «all die Jahre mit meinem ach so perfekten Leben? Hübsche Wohnung, netter Kerl, lovely kids, Ferienhäuser im Sommer. Das muss doch unerträglich genervt haben.»

Maria zuckte mit den Schultern. «Hat es nicht. Ich fand dich schon immer cool.»

Besser konnte es nicht werden, also war es an der Zeit zu

gehen. Das sagte ich auch so, und wir lachten beide. Wir umarmten uns. Ich musste los, die Kinder abholen. Marias Schatzi kam rein, um ein Buch aus dem Schrank zu holen. Er beugte sich zu ihr runter und gab ihr einen langen Kuss. Ich versuchte nicht hinzusehen, schaffte es aber nicht und spürte einen kleinen Stich im Herzen.

Auf dem Weg zum Kindergarten überlegte ich zum ersten Mal ernsthaft, später Tinder runterzuladen. Da würde ich wohl irgendjemanden kennenlernen können. Wir würden essen gehen, quatschen, miteinander ins Bett gehen, so könnte es laufen. Ich stellte mir vor, wie ich einem Unbekannten erklärte, dass ich Französin bin, aber nur halb. Dass ich einen deutschen Vater, aber eine französische Mutter habe. Dass ich Chinesisch studiert habe, was ja eigentlich Sinologie heißt. Weil aber kein Mensch weiß, was Sinologie ist, sage ich also immer Chinesisch. Ja, das sei schon anstrengend, die Schriftzeichen zu lernen. Nein, in meinem Beruf nutze ich das Wissen aus meinem Studium gar nicht. Was ich schade finde, aber na ja.

Allein über diesen Floskelsalat nachzudenken unterforderte mich irgendwie und machte mich müde. Vielleicht weil ich längst noch nicht wieder angekommen war. Weil mir gerade viel mehr danach war, warme rote Bäckchen zu küssen, die nach Sand und Apfel schmeckten. Ein Wunsch, den ich mir schnell erfüllen konnte. Bis zum Kindergarten waren es nur noch zwei Stationen.

Patchwork und ein Ende in Sicht

Ein gutes halbes Jahr nach meiner Trennung fing ich also an, Fabian regelmäßiger zu treffen. Das heißt, ihn und die Prinzessin, seine sechsjährige Tochter Lucy. Plus meine Kinder machte das – mit drei Kindern und zwei Erwachsenen – in der Theorie also schon eine Großfamilie. Fabian war groß, 1,86 Meter, was einem Mann bei Tinder und anderen Kennenlern-Apps oft schon eine Zehn auf der Dating-Skala beschert. Und dann war er auch noch Kinderarzt. Für eine Frau wie mich mit Kindern unter acht Jahren also: *A match made in heaven.* Als Jugendliche schaute ich gerne «Dr. Stefan Frank – der Arzt, dem die Frauen vertrauen» auf RTL. Franky, wie meine Schwester und ich ihn nannten, war immer gepflegt, hilfsbereit, patent, sicher im Auftritt. Der Typ zum Anlehnen und zum Anpacken. Mit «Die Geschichte mit Fabian» war es also in gewisser Weise auch ein wenig ein Flashback in die Jugend, ein Arzt-Ding.

Das Arzt-Ding war neben dem (ohnehin tollen) Mann eine angenehme Erleichterung in elterlichen Abfuck-Situationen, wenn es zum Beispiel um die nächtliche Besorgung eines Antibiotikums bei akuter Mittelohrentzündung eines Kindes in einer Notfallapotheke ging, und das ohne Rezept, oder um das Nicht-Rumsitzen in verkeimten Wartezimmern in den Wintermonaten.

«Die Ressource ‹gebildeter Mann› wird knapp», sagte der Chef der Online-Datingplattform Parship, Arne Kahlke, einmal in einem Interview mit der *Zeit*. Als ich das las, musste ich lachen, fühlte mich aber dennoch doppelt als Glückliche. Nicht nur, dass ich Fabian offenbar gegen jede statistische Wahrscheinlichkeit gefunden hatte, ich hatte anscheinend auch komplizierte Algorithmen überlistet, die eigentlich dafür da sind, einen möglichst lange in die Versuchung und die Qual der Wahl zu treiben.

Der schönste Nebeneffekt einer Beziehungsanbahnung heutzutage – nutzt man dafür Tinder, OkCupid oder ähnliche Kontaktbörsen – ist wohl, dass man sich endlich wieder von all diesen Plattformen abmelden kann. Es gibt keinen Stress mehr mit der Babysitter-Suche und den darauffolgenden erfolglosen Dates. Schluss mit nervigen SMS in der Nacht, deren Inhalte zum Fremdschämen einladen. Keine Gedanken mehr darüber, was man eigentlich vom sogenannten «Down-Dating» halten soll, Daten «unter seinem Niveau»: von Akademikerinnen in den USA als legitime Strategie der Partnersuche ausgerufen. Anwältin und Bäckereifachverkäufer. Managerin und Müllmann. Alles mal gehört, aber abgehakt, weil nicht mehr mein Business.

Ab jetzt hieß es ankommen, ausatmen mit Aussicht auf ungewohnt geordnete Verhältnisse. Fabian lächelte mich an und ich zurück. Er wollte mich. Einfach so. Nur mich. Und nicht, weil er ein ausgeprägtes Helfersyndrom hatte und einer Single Mom unter die Arme greifen wollte. Auch nicht, weil er eine Zweitmutter für seine Tochter suchte. Unsere Verbindung hatte direkt etwas Ehrliches, etwas Warmes, einen anfänglichen Zauber, den wir nicht verspielen wollten.

Wir spazierten in Parks herum, rollten Schneebälle und stapelten sie zu Schneemännern, ließen uns die Wintersonne ins Gesicht scheinen, während unsere Kinder auf Klettergerüsten turnten, fuhren Schlitten in der Hasenheide, kochten Tonnen von Nudeln und aßen dann, wenn die Kinder im Bett waren, Steaks in meiner oder seiner Küche. Wir konnten fast hysterisch über dieselben Dinge lachen (toll), aber auch heftig über Dinge diskutieren und streiten (weniger toll).

Im Grunde fühlte sich die Zeit mit Fabian wie eine große Verabredung an, wie ein nicht enden wollendes Date. Und weil wir die Regeln nicht kannten und keiner von uns beiden zu diesem Zeitpunkt mit einem Kinderpsychologen in Kontakt war, hatten wir unseren Nachwuchs zwei Wochen nach unserem Kennenlernen einander einfach vorgestellt. Das war nicht so schwer gewesen wie erwartet, und immerhin hatte ich es geschafft, keine komplett unangenehme Situation einer Vorstellungsrunde herzustellen, nach dem Motto:

«Kiiinder, kommt mal bitte ins Wohnzimmer.»

Taptaptap ist das Geräusch kleiner Schritte zu hören.

«Ah, da seid ihr ja. So, das hier ist Fabian, das ist Mamas Freund, also genauer gesagt vielleicht bald ihr fester Freund, und sie hat ihn ganz doll lieb.»

Subtext in Gedanken der Mutter: *Ganz sicher wird sie das erst in einigen Wochen wissen, aber sie möchte da trotzdem von Anfang an transparent sein.*

Dann Stille. Schweigen vonseiten der Kinder. Warten vonseiten der Erwachsenen. Irgendwann: «Mama?»

«Ja, mein Schatz? Du darfst jetzt gerne alles fragen.»

«Dürfen wir fernsehen?»

«Ähh, okay, kein Problem, mein Schatz. Ausnahmsweise.»

«Du meinst, wie gestern, vorgestern. Das Ausnahmsweise?»

«Ähh, ja, genau. Wie auch immer, du kleiner Naseweis.»

Eine solche Szene wäre für mich damals Stoff für Albträume gewesen. Mit Fabian fühlte es sich nie so gestelzt an. Nein, es war leicht und flauschig und von Anfang an auf eine Art organisch gewachsen, pädagogisch wertvoll und korrekt. Er hätte auch irgendein Kindergarten-Papa sein können, ein Bekannter aus Uni-Tagen, ein Nachbar, den man vom Grüßen aus dem Hausflur kennt und der manchmal über Nacht blieb. Alles war *easy-going*.

Fabian und ich waren nur fünf Jahre auseinander und uns in vielen Dingen ähnlich. Er stammte auch aus dem Rheinland und war wie ich in eine Beziehungssituation plus Schwangerschaft hineingerutscht, in der nach einem Jahr völlig klar war – das Kind: ja; die Beziehung: für alle besser nicht mehr. Also hatte er sich von Lucys Mutter, einer Schauspielerin, getrennt, als Lucy ein Jahr alt war. Seitdem sah Lucy ihren Papa an drei Tagen in der Woche und an den Wochenenden im Wechsel. Fabian wohnte in einer Dreizimmerwohnung. Lucys Zimmer hatte ein Hochbett, eine Höhle aus rosa Tüll und Einhörner auf der Tapete. Meine Kinder, insbesondere Lila, mochten Lucy sofort. Sie war nur etwas älter als Max und ein Vorbild für meine Kleine. Die drei konnten zu meiner Freude und der des Vaters stundenlang in ihrem Spielzimmer verschwinden. Auf diese Art vergingen Tage und Wochen. Mal waren wir alle bei Fabian zu Hause, mal er und Lucy bei uns. Ohne es explizit zu wollen, sah es dennoch schwer nach den zarten Anfängen von Patchwork aus, obwohl ich mir noch nicht einmal Gedanken gemacht hatte, wie ich dazu eigentlich stand.

Ich schmierte morgens Brote für alle, die ich großzügig mit insgesamt sechs Scheiben Gouda belegte. Und schneller, als ich bis drei zählen konnte, sagte er, dass die Käseration zu viel sei – WEGEN DER LAKTOSE – und dass er heute später aus der Praxis komme, und ich rief ihm hinterher, ob er heute Abend Gouda mitbringen könne.

Ich war verunsichert, was ich hier machen sollte. Das lag allerdings weniger an Fabians Person als an den Gesetzmäßigkeiten, die uns umgaben. Zunächst war da die Phase des Kennenlernens, die zwar schön und prickelnd war, aber schon sehr bald durch unsere Kinder überlagert wurde. Es macht einfach keinen Spaß, mit dem neuen Freund über Lichtschutzfaktoren von Sonnencremes zu diskutieren oder darüber, ob der Kinderhusten trocken oder produktiv ist. Weder will man über Ernährungsgewohnheiten philosophieren noch darüber, wovon dieses oder jenes Kind Verstopfung oder schlechte Laune bekommt. Nein, man will mit dem Lover drei Tage im Bett verbringen und den Freundinnen von *Life Changing Sex* erzählen. Es gibt doch viele Dinge, die man im Bett mit Mitte dreißig noch mal machen möchte. Sollte ich diese Phantasien etwa alle mit ins Grab nehmen, weil wir uns mehr über den Verbleib des Autoschlüssels gesorgt hatten?

Wie konnte man in so kurzer Zeit bloß so ein routiniertes Pantoffel-Pärchen werden?

Es war eigentlich ganz einfach: die Kinder. Die Arbeit. Der Abgabeschluss. Das anstehende Wochenende. Und kam eine organisatorische Unsicherheit in das Zielfernrohr der emsigen Hausherrin, wurde diese innerhalb von Sekunden ausgemerzt.

«Dein bester Freund hat am Wochenende Geburtstag? Aber wir wollten doch ganztags in den Zoo.»

Ich war so perfekt getimt, damit es auch ja für uns alle planungssicher und *smooth* blieb, dass ich mich schon nach kurzer Zeit selbst nicht mehr ertrug. Ja, Fabian war anders als Marius, griff mir unter die Arme, beteiligte sich am Haushalt, erledigte Besorgungen. Dennoch war ich selbst schon nach kurzer Zeit wieder Chefin eines Familienunternehmens, nur diesmal fünfköpfig. Ich konnte mich aus dieser Rolle einfach nicht befreien, und Fabian konnte sie auch nicht durchbrechen, im Gegenteil.

«Müssen wir im Auto unbedingt ‹Biene Maja› hören?», fragte ich einmal, als wir zu irgendeinem Spielplatz fuhren.

«Ah, Mama ist genervt», sagte Fabian und drehte zur Freude der drei Kinder auf der Rückbank lauter. Ich schob meine Sonnenbrille zurecht. Hoffentlich würde mich kein Kollege oder Exfreund in dieser dröhnenden Familienkutsche sehen. Fabian versuchte immer, lustig zu sein, nur traf er einfach nicht mein Humorzentrum. Wenn er mir dann in so einer Situation auch noch kumpelhaft aufs Knie schlug, hätte meine Wut für einen Mord gereicht. Doch der Kinder wegen lächelte ich ihn nur verkrampft an, versuchte durchzuatmen und mich zu entspannen, auch wenn er sich manchmal wie ein Trottel verhielt. Es musste nicht immer alles nach meinem Willen gehen, versuchte ich mir einzureden. Doch das funktionierte nicht. Zehn Minuten später auf dem Spielplatz rollte ich innerlich schon wieder mit den Augen.

«Nein, Lucy, das mag der Papa gar nicht», hörte ich ihn in einem plärrenden Wohlfühlpädagogik-Ton zu seiner Tochter sagen. Lucylein hatte gerade ein sehr viel jüngeres Kind, also eigentlich fast noch ein Baby, von der Schaukel gehoben und schaukelte nun statt diesem seit zehn Minuten voller Genugtuung hoch in die Lüfte.

Die anderen Eltern standen in einer Art Schlange, die sich an der Schaukel gebildet hatte, um die schaukelnde Lucy herum UND BEKAMEN SCHIER EINEN KRAMPF. Dass sich ihre Fäuste fast sichtbar in der Tasche ballten, fiel Fabian aber offenbar nicht auf.

«Könnten die anderen auch mal drankommen?», platzte es einer Mutter irgendwann völlig zu Recht heraus.

Fabian versuchte es weiter mit fröhlicher Deeskalation.

«Lucy, komm mein Schatz. Die anderen Kinder wollen auch.» Und dann mit Blick zu den anderen Eltern: «Ha, nichts zu machen.» Doch keiner lächelte zurück.

«Ich schaukele, solange ich will», rief die kleine Lucy vom Spielgerät. Sie hatte ihren Vater komplett in der Hand.

«Guck mal, Papa», rief sie noch von der Schaukel. Und Vati Fabian entblödete sich nicht, ihr zuzuzwinkern. Es las sich wie die Präambel der antiautoritären Erziehung: «Ich mach mir die Welt, wie sie mir gefällt.»

Es war der Moment, in dem MIR der Kragen platzte. Zur Erleichterung der Umstehenden tat ich das, was ihr Vater hätte tun sollen. Und was ich wiederum nicht hätte tun sollen. Ich stand von meinem sicheren Beobachterplatz auf der Bank auf, stapfte auf Lucy zu und griff in die Schaukelkette hinein, sodass die Schaukel stoppte.

«Heeey», rief Lucy.

«Runter», sagte ich.

«Du bist nicht meine Mutter», ätzte Lucy.

«Und das ist nicht deine Scheißschaukel.»

Lucy sah mich mit großen Augen an und sprang runter.

«Na, endlich», sagte eine Mutter und hob ihr kleines Pummelchen, das als Nächstes dran war, auf die Schaukel. Fabian stand wenige Meter entfernt und schaute mich mit offenem Mund an. Ich konnte seinen Ärger über die elterliche Erziehungsklatsche, die ich ihm verpasst hatte, förmlich sehen. Aber ich beachtete ihn nicht weiter und setzte mich zurück auf die Bank.

«Mama, du hast Scheiße gesagt. Du hast Scheißschaukel gesagt und Scheiße sagt man nicht», merkte Lila richtig an. Sie hatte vom Sand aus zugesehen.

«Ich weiß», sagte ich und rückte meine Sonnenbrille abermals zurecht.

Auf der Rückfahrt im Auto sprachen wir kein Wort. Dann schlug Fabian vor, uns abzusetzen, um mit Lucy alleine ein Eis essen zu gehen. Ich signalisierte ihm, dass ich einverstanden war. Er ließ uns vor unserer Haustür raus und fuhr mit seinem Tochterherz davon. Auf eine unerträgliche Art war ich erleichtert, wieder zu dritt zu sein. Konnte so eine Beziehungskonstellation auf Dauer gut gehen?

Sicher, ich hatte die Regeln verletzt. Das ungeschriebene goldene Patchwork-Gebot, nach dem ein Elternteil nur seine eigenen Kinder ermahnen darf. Und erst wenn diese Ermahnung mehrmals erfolgt ist, ist es dem Partner und Elternteil der anderen Kinder unter Umständen eventuell erlaubt, ins gleiche Horn zu stoßen. Mir fehlte aber offenbar das Feingefühl für die zarten Anfänge einer neuen Brady Family. Ungünstig war auch, dass ich bei Fabian und Lucy unter dem Generalverdacht stand, meine eigenen Kinder zu bevorzugen. Dabei gab ich Lucy immer das erste Eis aus der Packung und das letzte Gummibärchen aus der Tüte, verdammt noch mal. Wie viel Exklusivität konnte eine Sechsjährige denn noch erwarten?

In den nächsten Wochen blieb die Stimmung in jedem Fall gereizt, was auch an einem gewissen Gewöhnungs- oder Abnutzungseffekt zwischen den Kindern lag. Lila heulte Rotz und Wasser, als Lucy ihr Spielpferd mit dem Ladyshaver bearbeitet hatte, und Lucy wollte sofort nach Hause (mal wieder), als sie feststellte, dass Max' Verleihfreundlichkeit hinsichtlich seiner Lego-Technic-Teile abgenommen hatte. Fabian moserte rum, dass seine Exfreundin ihn wegen Lucys Schlafgewohnheiten nerve. Er wiederum bekam es nicht hin, das Gespräch einmal nicht anzunehmen, wenn sie anrief, um dann auch noch eine Dreiviertelstunde telefonierend ins Nebenzimmer zu verschwinden. Was mich komplett auf die Palme brachte. Auf 70 Quadratmetern (in meiner oder seiner Wohnung) wurde es mit fünf Personen so gemütlich, dass ich immer öfter abends mal Zigaretten holen ging.

Und obwohl die Stimmung in dem einen wie dem anderen Zuhause immer mieser wurde und mich manchmal schon die bloße Anwesenheit von Fabian nervte, gab ich mein Bestes, um meiner Familie, den Freunden und mir die perfekte Harmonie einzureden. Juli und Maria hatten so viel Freude daran, sich meine Zukunft wie ein perfektes Gemälde hinzutuschen, dass ich ihnen diese nicht nehmen wollte.

«Vielleicht heiratet ihr ja mal», sagte Juli geheimnisvoll.

Es war Samstagmorgen, und wir gingen gerade zu dritt über den noch halbleeren Kollwitzmarkt.

«Nein, Caro bekommt jetzt erst einmal noch ein Kind», sagte Maria.

Ich lächelte gequält, versuchte es aber geheimnisvoll wirken zu lassen. Dann gaben Juli und Maria Ruhe.

An diesem Abend erzählte mir Fabian, als die Kinder schon schliefen, dass heute der große Tag war. Wir waren zu diesem Zeitpunkt etwa drei Monate zusammen.

«Was für ein großer Tag?», fragte ich kritisch nach.

Ich war gerade nach Hause gekommen, hatte noch meine Jacke an, legte seine Autoschlüssel auf den Küchentisch. Auf dem Herd köchelte irgendeine Reispfanne mit Möhrenstücken und etwas Grünem darin.

«Ich habe heute mit Christine geredet.»

«Lucys Mama Christine?», fragte ich nach. Christine ist ja schließlich ein Allerweltsname.

«Ja, klar. Ich habe ihr von dir erzählt, also von uns», sagte Fabian. Er drehte sich dabei nicht um, sondern kratzte behutsam mit einem Holzschaber in der Pfanne. «Das wurde schließlich mal Zeit», fügte er noch hinzu.

Ich zog langsam meine Jacke aus und setzte mich an den Küchentisch. Den hatte ich erst vor einem Monat von einem Schreiner behandeln lassen. Das war es wirklich wert gewesen, dachte ich kurz und merkte dann, dass ich nicht beim Thema war. Ich war komplett müde von der Arbeit, Hunger hatte ich keinen. Ich hätte mir einfach gerne eine Zigarette angezündet.

Ich fragte mich, was besser war: ein Freund, der rauchte, aber dann würde man selbst sicher mehr rauchen. Oder ein Nichtraucher, aber dann musste man warten, bis der Zeitpunkt okay war, um sich eine anzuzünden. Und blieb er häufiger über Nacht, würde es schwieriger mit dem Rauchen. Ich glaube wie jeder Raucher nicht, dass ich süchtig bin. Sieben Zigaretten die Woche ist mein absolutes Maximum. Die Zigarette auf dem Balkon gibt mir ein kleines Gefühl von Freiheit. Schon meine erste Packung West Lights mit 13 Jahren kaufte ich als emanzipatorischen Akt von meinen Eltern, im Studentenleben gehörte die Kippe dazu, als getrennte Mama entdeckte ich sie dann wieder. Es ist der Moment, auf den man sich freuen kann, wenn die Kinder im Bett liegen. Rauchen, das gehörte nur mir. Es war komplett sinnfrei und teuer, gerade in meinem Kosmos, in dem jeder Cent gewöhnlich für die Kinder ausgegeben gehörte, dennoch war es mein Exil und Königreich zugleich.

Heute war Reispfanne statt Rauchen angesagt. Unvermeidlich fiel mir dabei die «Es gibt Reis»-Nummer von Helge Schneider ein.

Ich musterte Fabians Rücken, während er kochte. Er stand am Herd und trug tatsächlich meine Küchenschürze, die bislang eigentlich nur zur Zierde an einem Haken neben dem Kühlschrank gehangen hatte. Aber er hatte sie angezogen, ob aus praktischen Gründen oder nicht.

«Was hast du ihr denn genau gesagt, der Christine?», fragte ich ihn.

Fabian setzte sich zu mir auf die Bank und nahm meine Hand.

«Na ja, ich habe ihr gesagt, dass du Journalistin bist.»

«Redakteurin. Journalist ist kein geschützter Begriff», protestierte ich.

Fabian lächelte milde.

«Dann habe ich ihr gesagt, dass du zwei Kinder hast.»

Ich schaute skeptisch.

«Und was hat sie dazu gesagt?»

«Also, ehrlich gesagt, hat sie mich gefragt, warum du zwei Kinder bekommen und dich dann erst getrennt hast.»

Ich starrte ihn mit offenem Mund an. Wie konnte sie es wagen? Eine Alleinerziehende, die eine andere Alleinerziehende basht – das ist nicht in Ordnung. Dieb beklaut nicht Dieb, sagt man im Arabischen, und so war das hier doch auch irgendwie angelegt. Klar, ich war die Neue, aber das war so schäbig. Kleine Spitzen, Gesten oder gemeine Sätze durch das Medium Mann übermitteln lassen, der auch noch mitspielt, so perfektionistisch über Dritte durch die Blumen feuern, das können eben nur Frauen.

Ich kochte vor Wut und beschloss, die blöde Reispfanne nun doch zu essen, die Fabian vor uns auf den Tisch gestellt hatte. Einerseits war ich froh, dass Fabian nach der Episode um die Schaukel die Wogen glätten wollte, das war gut, so musste ich es nicht tun. Auf der anderen Seite brodelte ich vor Eifersucht. Warum wagte es seine Exfreundin und Kindesmutter ganz allgemein, überhaupt, Rückfragen zu mir zu stellen? Musste ich das hinnehmen? Warum wollte sie so gar nicht nett zu mir sein? Hatten Fabian und seine liebe Christine am Ende sogar noch eine Vertrauensbasis? Vielleicht fassten sie sich noch ab und zu an oder schliefen bei Urlauben gar im selben Bett. Nein, ich bestand nicht darauf, dass die beiden sich hassten, dass sie sich nur vor Gericht trafen oder sie ihm gelegentlich die Autoreifen zerstach. Aber zu viel Harmonie und erneute Anbahnung empfand ich auch als suboptimal.

Es war der Moment, in dem mir ein weiteres Dilemma in diesem Patchwork-Gewusel bewusst wurde: die andere Mutter. Christine würde nicht gehen. Sie war nicht die nervige Exfreundin eines Single-Mannes, die sich auf dem langen Weg in den Sonnenuntergang spätestens auf halber Strecke irgendwie würde abschütteln lassen. Sie war Lucys Mutter, die, ob ich es wollte oder nicht, irgendwie dazugehörte. Immerhin passte ich mit auf ihr einziges Kind, ihre Tochter auf. Christine würde immer im Hintergrund sein, aber immer mal wieder auch sehr präsent, bei Kindergeburtstagen, im spontanen Krankheitsfall, an Weihnachten – sie hatte gerade keinen Freund und die Eltern lebten weit weg. Mein neuer Freund, seine Ex und ich für immer vereint: Dem Scheidungskind in mir wurde schlecht bei der Vorstellung.

«Mir ist nicht gut», sagte ich zu Fabian und ließ die Gabel in den Teller fallen.

«Dann leg dich hin», sagte er. «Bist du krank oder schwanger?»

Ich schleppte mich zur Couch.

«Wenn wir ein Kind gemacht haben, dann bekommen wir das auch», hatte Fabian einmal zu mir gesagt. Meine Freundinnen hätten bei diesen Worten sicher laut applaudiert und «Oh, wie schön» gerufen.

Dass dies das Letzte war, was ich wollte, wussten Juli und Maria natürlich nicht. Auch meine Mutter hatte vor kurzem ihre Freude darüber bekundet, dass wir uns gefunden hatten – der Fabian und ich. Ich weiß nicht, wie es anderen Frauen in meinem Alter geht, aber sobald die eigene Mutter den Typ zu gut findet, ist das wie eine Anstiftung zur Rebellion.

Ich verschleppte das Problem jedoch über Wochen, machte auf eitel Sonnenschein, weil ich nicht die Spielverderberin sein wollte. Im Supermarkt, beim Abendessen, nachts vor dem Fernseher mit Wolldecke über den Knien. Die Zwickmühle war: Ich wollte etwas, mit dem ich mir unsicher war, nicht vorschnell beenden. Aber ich fühlte mich auch in der Verantwortung Lucy und meinen Kindern gegenüber. Es war die letzte Chance, sich zu trennen, ohne dass die Kinder ihre Dauerspielverabredung hinterher allzu sehr vermissen würden und ein zweites Trennungstrauma verarbeiten mussten. Ich dachte, wenn ich es jetzt beendete, würde es sich für alle anfühlen wie das Ende eines langen Sommerurlaubes (auch wenn gerade Winter war), wenn alle wieder nach Hause fahren – auch für mich vielleicht.

Mir ist bis heute nicht wirklich klar, wie sich der Wind so schnell drehen konnte. Wie ich Fabian zunächst für so toll und plötzlich für so mittelmäßig halten konnte. Wie übermütig wir zueinanderfanden, wie schnell ich mich in alten Rollenmustern mit neuen Problemen darin wiederfand, ohne dass ich die Situation auflösen konnte. Im Nachhinein glaube ich, dass es eine Flickendecke aus vielen Ursachen war. Da war meine Erwartungshaltung, meine Hoffnung, dieses Mal alles richtig zu machen, für mich und die Kinder. Es ist ein schreckliches

Phänomen, dass Frauen immer allen Erwartungen, auch ihren eigenen, entsprechen wollen. Wenn man sich neu kennengelernt hat, zwei Welten harmonisch zueinandergefunden haben, sich alle gut verstehen, will man nicht diejenige sein, die mit Kaffee spritzt. Auch verführte eine gewisse Bequemlichkeit mich dazu, die Dinge erst einmal laufen zu lassen, weil das Schlussmachen, die damit verbundene Panik und das Herumschreien oder die peinliche Stille im Anschluss ja auch anstrengend sind.

Bis ich endlich den Mut fand, meine große Rede zu halten, probte ich eine ganze Weile. An einem kinderfreien Wochenende holte mich Fabian nach dem Spätdienst von der Redaktion ab. Es war ein Abend im März, nicht übertrieben mild, aber auch nicht mehr kalt. Die Vögel sangen zur Dämmerung an der Friedrichstraße. Wir saßen in seinem Auto, ich bat ihn zu warten, als er losfahren wollte. Noch einmal schaute ich ihn an, wie man wohl nur den anschaut, mit dem man in wenigen Sekunden Schluss machen will. Er sah gut aus, trug einen hellen Trenchcoat, seine hellbraunen Haare lockten sich wie immer, wenn er sie frisch gewaschen hatte, an den Enden. Er hatte gute Laune und wollte den Schlüssel umdrehen, vielleicht etwas essen gehen.

«Ich kann jetzt nicht mit dir nach Hause fahren», sagte ich plötzlich.

Er verstand sofort. Oder wollte sofort verstehen, um sich selbst ein Restgefühl an Souveränität zu geben.

«Dann ist also Schluss?», fragte er mit einem Zögern in der Stimme.

Ich nickte schnell.

«Wow», sagte er. «Wow, ich glaube nicht, dass ich das schaffe.» Er vergrub das Gesicht in seiner Hand und lehnte seinen Kopf gegen das Lenkrad.

Dann weinten wir irgendwie beide, versuchten einander ein paar schöne Dinge zu sagen, saßen schließlich schweigend da, ein paar Minuten, die sich anfühlten wie Stunden. Ich wurde ungeduldig und wäre am liebsten sofort ausgestiegen, wollte es aber dann doch nicht ganz so abrupt enden lassen.

«Wir hätten uns so gut helfen können mit den Kindern», brach es plötzlich aus Fabian heraus. Ich war irritiert.

Darauf kommt es an? Wollten wir eine Versorgungsgemeinschaft oder ein Liebespaar sein?, hätte ich am liebsten gefragt. Aber ich verkniff es mir. Stattdessen sagte ich nur verlogen: «Ja, das stimmt.»

Ich sagte es in einem Ton, als hätte ich ein gutes Argument gehört. Dabei verstand ich in diesem Moment einmal mehr, warum ich Schluss machte.

Patchwork klang für mich nie wirklich gut. Bei Patchwork steckt der Mangel schon in der Begrifflichkeit. Patchwork, zu Deutsch: Flickendecke, ist etwas Repariertes, etwas Zusammengenähtes, um es wieder brauchbar zu machen, zu recyceln. Aber ich wollte weder ein Flicken noch eine bunte Hippie-Decke sein, und meine Familie sollte auch nicht dem Vergleich mit einem metaphorischen Häkelprodukt standhalten müssen. Ich wollte kein Leben zweiter Wahl leben. So nach dem Motto: Ist zwar kaputt, kann man aber noch als Füllmaterial gebrauchen.

Der Begriff Patchwork hat sich ursprünglich in den neunziger Jahren als Label für jene Familienform etabliert, die mit dem Anstieg der Scheidungsrate immer häufiger auftrat. Noch vor 50 oder 60 Jahren gab es Stiefeltern eigentlich nur, wenn die Mutter oder der Vater verstorben war – was ja auch für Märchen gilt. In den Sechzigern passte das Wort Patchwork dann perfekt in die Zeit. Es klang nach Romantik, nach alternativem Lebensentwurf. Inzwischen werden in Deutschland immerhin 35 Prozent aller Kinder unehelich geboren. So alternativ war der Lebensentwurf also eigentlich nicht mehr.

Heute wird alles geteilt, die Sharing Economy boomt, sprich: die geteilte Nutzung von Ressourcen über Plattformen wie bei Airbnb, eBay-Kleinanzeigen oder DriveNow. Alles läuft nach dem Prinzip: Für den Vorbesitzer wertlos oder temporär entbehrlich, aber für den nächsten Nutzer Gold wert. Wie gut, dass man heutzutage so flexibel ist. Wie gut, dass die Nachhaltigkeit Einzug in alle Lebensbereiche nimmt.

Hatte Fabian recht? Sollte man Familie auch als teilbaren Gegenstand betrachten? Es war zum Heulen. Tatsächlich geschieht in diesem Fall aber genau das, was mit uns passierte: Die Beziehung hat nichts mehr mit Liebe oder Leidenschaft zu tun. Denn was sollte einem in puncto feurige Affäre wirklich niemals in den Kopf kommen? Worte wie «praktisch», «Synergieeffekt» oder «Sharing Economy». Sind das doch die Vorboten von «Langeweile», «Die Corn Flakes sind alle» und «Die Luft ist raus».

Ich kann mir vorstellen, dass es richtig coole Patchwork-Familien gibt. Zusammengewürfelte Familien, in denen die Funken zwischen den neuen Eltern sprühen und jeder Tag sich wie der erste Urlaubsmorgen anfühlt. Das glaube ich wirklich.

Für mich kam dieser Sprung von einer Familiensituation in die nächste Familiensituation aber dann doch einfach zu früh. Zu schnell hatte ich das Gefühl, da aufzuhören, wo die vorige Beziehung geendet hatte.

Fabian hatte diese Art, alle Dinge mit Schwermut zu nehmen. Sein Beruf: nicht der, den er sich ausgesucht hatte, sondern der seines Vaters und der wirtschaftlichen Notwendigkeit geschuldet. Seine Tochter: lieb, aber ein Mensch, der durch die Verkettung unglücklicher Umstände jetzt nun mal auf der Welt war. Unsere Beziehung: (offenbar) angenehm, aber gleichzeitig von hohem Nutzwert.

Ich hätte mich richtig aufregen können, aber ich wollte nicht streiten. Das war ja auch gar nicht mehr nötig, weil alles besprochen war.

«Mach's gut», sagte ich und stieg aus.

Zugegeben, ich hätte in diesem Moment nie gedacht, dass es das letzte Mal sein würde, dass wir miteinander sprachen. Ich war mir sicher, wir würden spätestens in den nächsten Tagen noch einmal reden, weil er sich melden würde. Ich hatte noch ein paar Sachen von ihm, Kleinigkeiten, aber dennoch. Tatsächlich aber hatten wir seitdem nie wieder Kontakt zueinander. Vielleicht weil die Verletzung zu tief saß, vielleicht weil es ihm dann doch nicht so wichtig war.

Einmal, ein paar Monate später, da sah ich Lucy auf der Straße. Sie ging an der Hand ihrer Mutter Christine. Ich schob mein Fahrrad und hatte viele Einkaufstüten links und rechts am Lenker. Sie sah süß aus, ihre Haare waren länger geworden, ihr rosa Mantel war anscheinend neu. Ihre Mutter, die ich nie getroffen hatte, wusste nicht, wer ich bin, und lief an mir vorbei. Nur Lucy erkannte mich und lächelte mir zu. Ein kleines zartes Mädchenlächeln, wie ich es von Lila kenne. Es war das erste Mal, dass ich Lucy schrecklich gerne in den Arm genommen hätte.

Alles, was kommt

Es gibt so Tage, die sind schon nach ein paar Stunden gelaufen. Sie beginnen bereits in den frühen Morgenstunden mit Haufen aus zusammengetackerten Papieren. Mit einem Neun-Uhr-Termin in einem Konferenzraum, bestehend aus vier leuchtend weißen Wänden und unendlich vielen leeren Stühlen, die nicht besetzt sind, weil nur die Gegenseite und ich am Tisch sitzen.

«Möchten Sie einen Kaffee, einen Tee, einen Sprudel?», fragte mich die nette Anwaltsgehilfin. Ich schaute auf die kleinen Fläschchen auf dem Konferenztisch. Fanta, Cola, Wasser.

Ich fragte mich, wer wohl morgens, mittags oder nachmittags denken würde: «Ach, ich trinke heute mal eine schöne kühle Fanta.» Fanta ist doch gar nicht mehr zeitgemäß. Zu süß, zu klebrig, zu gelb für unser Jahrzehnt. Als Verschwörungstheoretiker glaube ich, die Fanta-Flaschen stehen seit dem Jahr 1980 da und werden nur regelmäßig entstaubt. Das ist der Grund, warum es sie überhaupt noch gibt. In der Redaktion sind sie immer nur für Gäste eingedeckt. Spitzenpolitiker, Wirtschaftsbosse, Schauspieler. Der gewöhnliche Redaktionspöbel bedient sich am Wasserspender. So ist mir die Ehrfurcht vor den kleinen Edel-Wasserfläschchen von den Fidschi-Inseln oder aus den Alpen geradezu anerzogen worden.

«Also, nein, danke, ich möchte nichts», sagte ich zu der Anwaltsgehilfin. *Nein danke, ich bin eine solide Tarif-Angestellte. Sie können Ihre Fläschchen behalten.* Ich hätte ohnehin nichts davon bei mir behalten können – auch wenn es nur Flüssigkeit war. Mein Magen hatte sich zu einem schmerzhaften Knoten verdreht, und in einem Intervall von wenigen Minuten stieg Übelkeit in mir auf und ließ wieder nach. Mein Brustkorb war schwer wie ein Block Zement. Ich fühlte mich schutzlos, nackt, ausgeliefert vor dem großen Rechts- und Staatsapparat, der bereit war, mich mit Haut, Knochen und Haaren zu zermalmen.

Scheidungsvereinbarungen werden in der Hölle gemacht. Wer sich nach einer Heirat trennt, der muss plötzlich ganz neue Begriffe lernen. Sie lauten: «Versorgungsausgleich», «Rentenzahlung», «nachehelicher Unterhalt», «Kindesunterhalt», «Sättigungsgrenze» – mir wird heute noch schlecht davon.

Ich wollte nie in diesem Besprechungszimmer mit Panoramafront zur Spree sitzen. Das war sicher nicht meine Zukunftsvision, als ich vor fast genau fünf Jahren barfuß am Ostseestrand heiratete.

Ich wollte nicht mehr auf Fanta-Fläschchen starren, ich wollte raus und eine Zigarette rauchen, nein, zwei. Nein, ich wollte die ganze Packung aufessen, ohne die Kippen anzuzünden. Und wenn ich Whiskey trinken würde, hätte ich an diesem Tag nicht nach dem Glas, sondern gleich nach der ganzen Flasche verlangt. Wie grausam Hochzeiten doch im Nachgang sind, wenn man es sich auf dem Weg zur Ewigkeit anders überlegt. Wie ein Halt auf halber Strecke, wenn der Zug nicht mehr fährt und es heißt: aussteigen und laufen. Keine gute Idee, deshalb halten viele mit zusammengebissenen Zähnen durch bis zum Lebensende oder wenigstens bis die Kinder volljährig sind. Späte Scheidungen liegen im Trend. Laut Statistischem Bundesamt hat sich die Zahl der Trennungen nach 26 Ehejahren und mehr allein im Zeitraum von 1996 bis 2012 verdoppelt.

Klug sind die, die verheiratet bleiben, sie können sich den Papierberg sparen, die Aktenstapel, die Anwaltskosten, die naturgemäß erst bei mehreren tausend Euro anfangen. Man muss nicht einmal verheiratet sein, um den Geschmack des Papiers kennenzulernen. Es reicht ja schon die Geburt eines Kindes, um die Mühle loszutreten – das weiß ich von meinen alleinerziehenden Freundinnen, die von Anfang an ohne Vater im Leben ihrer Kinder gestartet sind. Dort geht es sogar noch mehr zur Sache. Unterhaltsforderungen an den Vater, der das Kind noch nie gesehen hat, weil er es nicht wollte. Einklagen des Wechselmodells, weil die Mutter nicht möchte, dass der Vater das Kind häufiger sieht, aber er das schon möchte. Prozesse über das Aufenthaltsbestimmungsrecht, weil die Mutter mit dem Kind wegziehen will, der Vater aber gerne hätte, dass es in der Stadt bleibt, wo er wohnt. Alles Szenarien, die ich von meinen Freundinnen kenne, und dabei habe ich die Gutachten durch zwei unabhängige Kinderpsychologen nicht einmal erwähnt. Also sollte ich mich wahrscheinlich glücklich schätzen mit einer einfachen Scheidung, bei der es nur um ein bisschen popeliges Geld ging.

Man sollte es gelassen nehmen, versuchte ich mich zu beruhigen und dachte an Großaktionäre, Vorstände und Unternehmer dieser Welt. Die kriegen es ja auch irgendwie hin, in die Sonne von Saint-Tropez oder der Bahamas zu lächeln, auch wenn die Verfahren gegen ihre Firmen gerade Hunderte von Anwälten beschäftigen. Die müssen sich ja auch sagen, dass sie das alles nicht wirklich betrifft. Damit es aushaltbar bleibt, das Leben an sich.

Ich brauchte dennoch bei meinen Anwaltsterminen keinen goldenen Taschenrechner, um zu erkennen, dass auf meinem Rentenbescheid nicht die Sonne scheinen würde.

«Ich habe seit meinem 16. Lebensjahr gearbeitet und nie wieder aufgehört. Meinen ersten Job hatte ich in Bonn im dm-Drogeriemarkt. Wir waren damals die verkaufsstärkste Filiale NRWs», sagte ich zu meiner Anwältin, um die Stimmung aufzulockern. Sie schaute kurz von ihren Akten auf und lächelte bittersüß. Dann tippte sie weiter in ihren Taschenrechner.

Sie ist hübsch, meine Anwältin. Vielleicht würde man bei Frauen ab 40 Jahren aus Respekt eher von gutaussehend sprechen. Sie ist schlank, trägt immer graue Hosenanzüge. Sie hat drei Kinder und ist zum zweiten Mal verheiratet. Wenn ich sie Freunden beschreibe, sage ich immer: «Stell dir einfach Ursula von der Leyen in dunkelhaarig vor.» Das passt.

An diesem Tag schien sie angestrengt.

«Nun, ich bin keine Rentenexpertin, aber, hmm.»

«Ja», sagte ich verkniffen aus Angst vor der Antwort.

«Also, das sieht jetzt nicht nach viel aus bislang. Eine private Vorsorge wäre, nun, mehr als nötig.»

Sie schaute mich mit mildem Blick an. Ich glaube, ich tat ihr leid.

«Aber ich habe seit meinem 16. Lebensjahr immer eigenes Einkommen gehabt», protestierte ich.

«Ja, aber die gesetzlichen Renten reichen nicht mehr. In Deutschland bekommen Frauen rund 270 Euro Rente für 20 Jahre Teilzeitarbeit.»

«Was?!», rief ich erschrocken. «Das ist unmöglich.»

«Leider», antwortete sie.

Ich sank in meinem Stuhl zurück. Vielleicht war genau jetzt doch der Moment für so eine Fanta. Süß. Klebrig. Gelb. Ich griff zu.

Sie redete weiter, aber ihre Worte verhallten vor der Wand meiner Erinnerungen. Ich dachte an die Geburt von Maxime, wie er als warmes, noch nasses Baby in meinen Armen lag, an sein Kinderlachen in unserem ehemaligen Garten und wie sorglos ich war. Wie weit weg war damals jeder Gedanke an irgendwelche Finanzen. Vielleicht hatte ich bislang zu viel Glück gehabt, vielleicht war ich nie auf die Härte des Lebens vorbereitet worden. Obwohl man das so auch nicht sagen kann. Schließlich habe ich mein Studium und meine Ausbildung praktisch alleine finanziert.

Es gab nach meinem Abitur keinen Gönner, keinen Mentor, geschweige denn meine Eltern, die bereit gewesen wären, meine Miete oder Unkosten zu tragen. Anspruch auf BAföG hatte ich keinen, weil meine Eltern dafür wiederum zu viel verdienten, was allerdings nicht dazu führte, dass sie mich mit mehr als 150 Mark monatlich unterstützten. Zu viel zum Sterben, zu wenig für ein fröhliches Studentenleben ohne zwei Nebenjobs.

Seit meinem 19. Lebensjahr war ich praktisch auf mich alleine gestellt. Nein, nicht nur praktisch. Ohne praktisch. Neben dem Studium arbeitete ich in Spülküchen, in Restaurants.

Nach den Vorlesungen band ich mir eine Schürze um und stand bis Mitternacht an Espressomaschinen. Wie mies winzige Körner gemahlener Kaffee sich in aufgerissene Fingerkuppen vertiefen, nicht mal eine Nagelbürste konnte alle entfernen. Ich beneidete jene Freundinnen, die in den Semesterferien auf Eltern- oder Großelternkosten ein Auslandspraktikum in Indien oder Südamerika machten. Ich war sauer, weil sich mit Geld der bessere Lebenslauf kaufen ließ – ungeachtet dessen, wie fleißig oder klug jemand war. Semester an Auslandsuniversitäten kosten ein kleines Vermögen, nur wer einen Sponsor hat, kann sich ein Flugticket und ein Zweitstudentenzimmer in einer europäischen Großstadt leisten. Mit 23 bekam ich ein Stipendium meiner Universität in Hamburg, um nach Paris zu gehen. 500 Euro Zuschuss monatlich wurden mir zugesprochen.

«Und jetzt?», fragte ich die Uni-Koordinatorin. «Für das Geld kann ich nicht mal in der Pariser Banlieue wohnen, geschweige denn essen.»

Sie zuckte nur mit den Schultern. Also blieb ich in Hamburg, und eine andere Studentin mit zahlungskräftigen Eltern flog an meiner Stelle nach Paris.

Erst meine freie Mitarbeit bei der Lokalzeitung in Bonn nach dem Studium ließ mich endlich ein wenig träumen. Mit 26 Jahren, nach Abschluss meines Volontariats, kaufte ich mir von meinem Geld einen Flug nach Japan, weil ich es plötzlich konnte. Die ganze Nacht lag ich wach, aus Angst, den Flug zu verpassen.

Und dann wurde ich mit 28 schwanger, mit 30 das zweite Mal. Und ja: nach den zwei Elternzeiten hatte ich eine Auszeit, in der Marius das Geld verdiente. Davon wiederum hatte ich herzlich wenig.

Das weiß ich heute, damals wusste ich das nicht. Kinderkriegen wird finanziell gesehen indirekt immer noch bestraft, was vor allem die Mütter betrifft. Da helfen ein paar Kindergartenplätze und zwei Euro mehr Elterngeld auch nichts.

Denn wenn das Modell Ehe scheitert – und jede zweite Ehe scheitert in Deutschland –, sind fast immer die Frauen schlechter gestellt. Wer nicht verheiratet war, sondern ohne den Kindsvater alleinerziehend ist, hat oftmals nicht mal Anspruch auf Unterhalt für sich selbst. Auch wenn man als Mutter weniger arbeiten kann, weil die Kinder die meiste Zeit bei einem sind. Seit einigen Jahren haben Frauen, selbst wenn sie die Betreuung und Erziehung der Kinder nach einer Trennung alleine schultern, keinen eigenen Unterhaltsanspruch, sondern müssen arbeiten gehen und selbständig in die Rentenkasse einzahlen. Unterhalt erhalten oft nur die Kinder. Viele – wie auch ich – schaffen es in dieser Lage nur, Teilzeit zu arbeiten. «Dabei bleibt Teilzeit eine Karrierefalle», sagt Corinna Kleinert vom Institut für Arbeitsmarkt- und Berufsforschung in einem Interview mit der *Frankfurter Allgemeinen Zeitung*. In Führungsetagen sei Teilzeit ein Randphänomen und sowieso reine Frauensache. Nur zwei Prozent der männlichen Führungskräfte reduzieren ihr Arbeitspensum, wenn sie eine Familie gründen.

Die einzige gute Nachricht ist, dass mittlerweile ein eigenes Wort für die Rentenlücke zwischen Männern und Frauen existiert, was zumindest beweist, dass es ein Problembewusstsein für diese Ungerechtigkeit gibt. Und zwar wird diese seit neuestem als «Gender Pension Gap» betitelt, gemeint sind damit eigentlich die Brüche in der weiblichen Erwerbsbiografie, die einen als Frau ungebremst in die Misere reiten. Frauen, die sich für die Ehe und die Familie entschieden haben, bekommen laut einer Studie des Bundesfamilienministeriums 59,6 Prozent weniger Rente. Die gesetzliche Durchschnittsrente beträgt dabei für Frauen 645 Euro im Monat, für Männer dagegen 1595 Euro. Rund 600 Euro Rente für uns Frauen – kann das mal jemand bitte auf die Kinderwunsch-Vitamine drucken? Oder als Faltblatt im Standesamt auslegen? Oder muss ich mich selbst darüber informieren, wie ich mich in eine ausweglose Situation bringen kann? Und nein, ich bereue es nicht, Kinder bekommen zu haben, aber das ist einfach eine Unverschämtheit!

Wir leben in einem Land, das von der CDU regiert wird, die Familie als wünschenswerte Form des Zusammenlebens fördert. Wir leben in einem Staat, der die Geburtenrate steigern will, weil die Nachwuchsstatistiken eher mau aussehen. Dennoch gibt es keinen volkswirtschaftlichen Mechanismus, der die Frauen, die nun mal die Kinder bekommen, vor einer Katastrophe im Alter schützt. Ich hatte bis dato keine private Altersvorsorge. Wer denkt mit Ende 20 schon an Alter und Tod, wenn er, wie ich in diesem Alter, gerade erst dabei ist, seine Karriere aufzubauen, und sich zum ersten Mal nach Jahren in WGs eine eigene Wohnung leisten kann. Klar gibt es immer die smarten Kids, die ihre Hausaufgaben schon gemacht haben – ich gehörte leider nicht dazu.

Meine Anwältin mit den diskret manikürten Nägeln rechnete und redete jedenfalls an besagtem Tag für ihre 180 Euro pro Stunde. Ich schaffte es kaum, hinzuhören. Ich musste heute noch zwei Texte fertigstellen. Aber in Gedanken fragte ich mich viel mehr: Was würde aus mir werden, in 40 Jahren? Würde ich mit 20 Katzen und allem Schmuck, den ich besaß, am Körper auf 30 Quadratmetern am Berliner Stadtrand wohnen? Würde ich mit meinem letzten Geld in Cafés gehen und den unbeteiligten Umsitzenden von meinen traurigen und glücklichen Lieben erzählen? Hoffentlich würde ich mit Kowalski in einem Altenheim residieren, dort gemächlich spazieren gehen und wie in einem Nouvelle-Vague-Film über alles und nichts reden. Die Kinder? Würden mich alle vier Wochen mal anrufen. Nein, auf mein Mädchen, meine Lila, würde Verlass sein.

«Man braucht eine Tochter», hatte eine Freundin nach Lilas Geburt zu mir gesagt. «Sie wird dich im Alter pflegen. Die Jungs sind dann weg.» Sie hat selbst zwei Söhne und eine Tochter. Ich bildete mir ein, sie wusste, wovon sie halb im Scherz sprach.

Das Thema beschäftigte mich später immer wieder. Manchmal machte ich einen zarten Versuch, herauszuhören, was meine Kinder machen würden, wenn ich alt und krank wäre.

Morgens lagen wir oft zu dritt in meinem großen Bett und redeten ein bisschen.

«Eines Tages müsst ihr mich dann besuchen, ja? Wenn ich so alt bin wie Oma jetzt», sagte ich einmal zu den beiden.

«Klar, Mama», sagte Lila und legte ihren Arm um meinen Hals.

«Natürlich», befand Max. «Aber jetzt muss ich Lego bauen.»

Ich lächelte. Ich würde sie nie halten können, nie zwingen können, bei mir zu bleiben, das wollte ich auch gar nicht. Sie sollten unendlich frei sein. Neugierige Menschen werden, die sich auf die Reise machten.

Und bis sie das taten, war es gar nicht mehr so lange hin. Zehn Jahre würden im Flug vergehen. Dann würde Max 16 und Lila 14 Jahre alt sein. Sie würden zwar noch zu Hause wohnen, aber mich viel weniger brauchen. Die Zeit, die man mit seinen Kindern hat, ist so kurz, so kostbar – jetzt höre ich mich an wie eine alte Frau. Aber es stimmt. Genau ein Jahr sind sie Babys. Wenn ich Max heute sehe, dann fällt es mir manchmal schwer, nicht das Baby in ihm zu sehen, das mich doch erst vor sechs Jahren zu einer Mutter gemacht hat. Dieses Jahr wird er eingeschult, ich habe ihm einen Dufflecoat für die Einschulung gekauft, weil der so sehr nach britischer Schuluniform aussieht.

Dass Max groß wird, lässt mich allerdings vor allem erkennen, dass man auf die Zeit aufpassen sollte. Und damit ist auch meine gemeint. Persönlich glaubte und glaube ich bis heute, dass man seinen Kindern nichts Besseres tun kann, als auf sich selbst zu achten. Ihnen zu zeigen, dass es schön ist mit ihnen, dass man aber auch ohne sie klarkommt im Leben. Es ist nicht fair, sein Leben um seine Kinder herum aufzubauen, wie es viele Eltern heutzutage tun.

Auch aus dieser Überzeugung heraus gehe ich weiterhin abends aus, treffe meine Freundinnen und fahre mit meinen Kindern manchmal Bekannte besuchen, auch wenn sie keine Lust darauf haben. Kinder wollen von Erwachsenen lernen, wie das Erwachsenenleben geht, sie wollen ihrer Mutter nicht dabei zusehen, wie sie in knallbunten Sneakern auf Klettergerüsten turnt und selbst ein Kind ist. Ja, ich trage gerne einen Trenchcoat, und der ist zum Klettern ungeeignet. Und wenn wir in die Trampolin-Halle fahren, dann winke ich ihnen mit einem Kaffee in der Hand durch die Glasscheibe zu.

Ich glaube, dafür werde ich von ihnen respektiert. Weil ich ein Stück weit das machen darf, was ich will. Weil ich sie aber umgekehrt nicht mit meinen Erwartungen überfrachte. Weil ich glaube, dass zu viele Familien das tun. In meinem Bekanntenkreis beobachte ich oft eine Enge in klassischen Familienkonstellationen, die mir fremd ist. Neulich bekam ich zum Beispiel eine SMS von einer Bekannten, die ich nach einer Verabredung am Wochenende gefragt hatte. Darauf schrieb sie mir: «Das wird wahrscheinlich nichts am Wochenende. Samstag ist kompliziert, weil Tobias arbeitet, die Kinder am Nachmittag Klavier haben und wir am Abend ausgehen. Am Sonntag machen wir Sport am Morgen, am Nachmittag gehen wir ins Kino. Und abends bin ich dann früh im Bett, weil die Kinder ja am Montag wieder Schule haben.»

Ich musste die SMS mehrmals lesen. Sie stand für alles, was ich nicht gewollt hatte und wovor ich Angst habe. Sie war sinnbildlich für diesen klaustrophobischen Familienraum. Den hatte ich in meiner Ehe nicht gewollt, und aus dem hatte ich mich auch in meiner Beziehung mit Patchwork-Freund Fabian mühevoll wieder befreien müssen.

Die SMS widersprach auch allem, was ich als Idealbild für die Kinder und mich ansah. Ich habe Freundinnen, die sind Mütter, haben einen Hund, ein Haus, Hobbys, Ferienhäuser, Boote, große Gärten. Sie türmen diese ganzen Pflichten vor sich auf, um zu verstecken, dass sie nicht für Geld arbeiten gehen. Sie verkriechen sich hinter ihrer Ehe und dem Privaten, um sich das nicht eingestehen zu müssen. Die freie Wirtschaft ist hart. Es weht ein kalter Wind da draußen. Der Druck im Arbeitsleben ist immens. Warum sich also nicht zusammen mit Eva Herman unterm Tisch verstecken und Apfelkuchen backen? Warum nicht freiwillig Elternsprecher werden, um zu demonstrieren, wie beschäftigt man ist? Und dann noch mit dem Labrador zur Hundeschule, mit dem Kaninchen zum Tierarzt, die Tochter nachmittags zum Ballett kutschieren, den Sohn bei einem Freund abholen – Stress pur für das Mama-Taxi und null Cent für die eigene Kasse. Es ist ja auch nicht schlimm. Jeder und jede sollte so leben, wie es ihm bzw. ihr gefällt. Lasst jede Frau, die möchte, Hausfrau und Mutter sein. Auch «Cappuccino-Mütter» sind okay. Frauen, die mit Promotionstitel Hausfrauen sind und bei Milchschaumgetränken im Café vor ihrer Wohnung warten, dass die Putzfrau mit Aufräumen fertig ist.

«Bestimmte Rollenkonstellationen wie die berühmten Cappuccino-Mütter sind schon eine Gefahr für die Gleichstellung. Sie machen dieselbe klassische Arbeitsteilung wie ihre Mütter, sagen aber, sie hätten sich das selbst ausgesucht», sagt dazu die ehemalige Leiterin des Arbeitsbereiches Frauen- und Geschlechterforschung der Friedrich-Ebert-Stiftung, Barbara Stiegler. Sie bezeichnet das als Rollback, wenn Frauen das als Selbstbestimmung definieren, anstatt die dahinterliegenden Strukturen kritisch zu hinterfragen.

Ich könnte all das natürlich ignorieren, aber gerade nach meiner Trennung wühlt es mich emotional doch sehr auf, weil es den Graben der Ungerechtigkeit zwischen den Geschlechtern vergrößert und beinahe naiv darüber hinweggeht. Und ich war ja selbst eine dieser Mütter, die dachte, dass Verheiratetsein vor allem schützt. Doch dann kam meine Scheidung und das Auseinanderdividieren der Finanzen – und als ich bei der

Anwältin saß und ihren Berechnungen lauschte, ärgerte ich mich über meine eigene Naivität.

Seitdem will ich allen gut situierten Müttern, die einen Designer-Kinderwagen durch Berlin oder sonst eine Stadt schieben, mit einem Megaphon zurufen: «Hast du eigentlich darüber nachgedacht, dass du dich komplett abhängig machst?»

Kommt es zum Bruch, hat er meistens sein Leben lang Vollzeit gearbeitet. Sie dagegen maximal Teilzeit, oder sie hat ihm das Arbeiten komplett überlassen und ihn noch in seiner Karrieregestaltung unterstützt.

Für Alleinerziehende ist es meistens doppelt bitter, weil sie weder mit den Kindern Geld haben noch wenn die Kinder aus dem Haus sind, noch wenn sie selbst in Rente gehen. Sie ziehen die Kinder groß, die bei ihnen leben, schneiden wie ich in der Woche 20 kleine Fußnägel oder mehr, erleben die langweiligen und aufregenden Sonntage, das Aufräumen, das Wäschewaschen und den Kinderkopf, der am Montagmorgen glüht, exklusiv und alleine. Parken die Kinder manchmal mit Laptop im Büro. Ich habe das alles gemacht und bereue nichts. Ich möchte mich nicht einmal groß beklagen, diese Blöße gebe ich mir nicht. Aber das Prinzip gibt mir dennoch recht: Ein Drittel aller Alleinerziehenden in Deutschland ist auf den Besuch einer Tafel angewiesen, um den Kindern ausreichendes Essen zu ermöglichen. Fast die Hälfte dieser Kinder lebt von Hartz IV. Dass diese Menschen in der aktuellen Politik kaum eine Rolle spielen, ist ein Skandal. Ich bin gegen bloßes Beklagen, aber für Protestieren. Für mehr Ganztagskindergartenplätze, für das Ende der Stigmatisierung, weil eine Mutter Vollzeit arbeiten geht. Alleinerziehende sind Leistungsträgerinnen – immer und von Natur aus. Sie verdienen Aufmerksamkeit und Mandatsträger, die sich für sie einsetzen. Auch braucht es Gesetze, die Väter mehr in die Pflicht nehmen.

Nach #MeToo, #TimesUp und all den großen wichtigen frauenpolitischen Bewegungen ist es an der Zeit, auch die Strukturen der Kleinfamilie, die Lebensbedingungen von Alleinerziehenden zum Thema zu machen. Das geht vor allem auch an die Wochenendpapis, die denken, sie könnten ihre Kinder wie ein Hobby neben der Arbeit, der Geliebten und diversen Wochenend-Kurztrips platzieren.

Ich für meinen Teil habe nach mittlerweile zwei Jahren als Single Mom gelernt, wachsam zu bleiben. Bei Dingen wie Steuererklärungen, Unterhaltsvereinbarungen, Kinderbetreuung oder Schulentscheidungen «meinen Mann zu stehen» (ja, tatsächlich) und mich für die Kinder und meine Wenigkeit durchzusetzen.

Auch habe ich in einem Anfall von Optimismus angefangen, für eine kleine Wohnung zu sparen. Sozusagen als Ruhesitz oder Altersvorsorge. Lächerlich sind die Beträge, die ich seitdem auf mein Sparkonto einzahle, aber vielleicht läppert es sich irgendwann – wie der Rheinländer sagt. Bis es so weit ist, surfe ich auf Einrichtungs- und Schöner-wohnen-Seiten und beneide die, die verheiratet sind oder geerbt haben. Wenn ich meine Kinder von Geburtstagen abhole, schaue ich mir verstohlen die schöne Einrichtung in den Eigentumshäusern der anderen an. Ich frage mich manchmal, ob ich tauschen möchte. Ob ich meine liebgewonnene Freiheit, den Spaß mit den Kindern, meinen Freunden und Bekannten, meinem Beruf und dem Schreiben, diese gewisse Leichtigkeit, die man nur hat, wenn man nicht viel besitzt, ob ich das eintauschen möchte gegen eines dieser Traumhäuser. Dann stelle ich fest, dass die Lebendigkeit und Kreativität, die ich gerade verspüre, ein intensives Leben braucht, dass ein großes Haus dabei aber definitiv nicht stören würde. Also ein klassisches Patt.

Oft fragen mich andere Mütter, ob ich nicht wieder mit jemandem zusammenleben oder heiraten möchte, ob ich mehr Kinder will. Eine Freundin hat mich sehr oft mit solchen Fragen genervt. Sie selbst hat zwei Kinder und ist seit zehn Jahren verheiratet. Irgendwann habe ich dann eine sehr ernste Miene aufgesetzt und ihr bei einem Glas Wein erklärt, dass mir Sex besonders wichtig ist. Jene Form von Sex, die sich mit einer langen Beziehung in 99 Prozent aller Fälle nicht vereinbaren lässt. Aufgeregten, verliebten, total schmutzigen Sex – und das mehrmals die Woche. Und dass ich deshalb meine jetzige Lebensform als Alleinerziehende bevorzuge.

Seitdem hat sie nie wieder gefragt.

Epilog

Da sind immer überall Menschen in meiner Wohnung und ich suche meinen Freund. Ich bin gerade von der Arbeit gekommen, ziehe meinen Mantel langsam aus und hänge die Wohnungsschlüssel ans Brett neben der Tür. Ich habe mir in der Bahn extra noch Lippenstift aufgetragen. Aber mein Freund ist anscheinend nicht da. Die Hoffnung stirbt zuletzt.

«Haaalloo», rufe ich laut. Natürlich kommt MAL WIEDER keine Antwort. Mama ist abgemeldet. Ganz generell.

Einzig die Tatsache, dass alle Lichter im Flur an sind, gibt mir einen zarten Hinweis darauf, dass meine Wohnung offenbar bevölkert ist.

Dann entdecke ich noch die Handtasche meiner Mutter auf der Bank neben der Tür. Aus dieser ragt ein Stück meines Cashmere-Lieblingsschals heraus. Das heißt, dass ich mir ZWEI WOCHEN SUCHEREI hätte sparen können, weil SIE ihn die ganze Zeit hatte. ICH HABE JA SONST NICHTS ZU TUN. Zwei Minuten zu Hause und schon auf 180.

Egal, ich habe mich so gefreut, dass er da ist, dass Wochenende ist, dass alle frei haben – Schal egal!

Ich tippele durch die Wohnung, als mir plötzlich Lila entgegenläuft.

«Maaama», ruft mein kleines Mädchen, das vergangene Woche vier Jahre alt geworden ist. Es wird eine Mega-happy-Umarmung. Wir rennen aufeinander zu wie im Film, im letzten Moment knie ich nieder, hebe sie kurz hoch wie in «Dirty Dancing» bei der Hebefigur und lasse sie dann in meine Arme hinuntergleiten, bis wir uns ineinander verschmiegt haben.

Ah, immerhin, auf die Tochter ist Verlass.

Ich drücke meine Wange gegen ihre, umarme sie fest und küsse ihre Stirn. Sie hat immer noch weiche Haut wie ein Baby, bei meinem Sohn ist das schon anders. Er ist sechs Jahre alt, bald sieben, das Weiche verschwindet mit jedem Tag mehr aus seinem Gesicht.

Lila trägt ein Sommerkleid. Ihre Minnie-Maus-Ohren und ein Dutzend Spangen stecken in ihren blonden, noch nicht sehr dicken Haaren. Nach dem Kindergarten will Lila sich immer umziehen. Dass ihre Mutter sich über den hohen Verbrauch an Strumpfhosen, Söckchen, Kleidern, die nach einem Tag wieder in der Wäsche landen, beschwert, lässt die heutige Mädchenrechtlerin völlig unbeeindruckt.

«Wenn ich mich selbst anziehe, bestimme ich auch, was», sagt sie. Und zwar mit einer solchen Überzeugung, dass mir kein Argument mehr einfällt. Was brauchen wir da ökologisch korrekte Ernährung und Montessori-Möbel, Streitkultur, die großen Linien, wenn eine Vierjährige schon genau weiß, was sie will. Dann bin ich argumentativ ausgehebelt, sprachlos, weil bezaubert.

Lila huscht in ihr Zimmer. Ich ziehe meine Haus-Ballerinas

an und gehe ihr nach. Im Kinderzimmer sitzt Max, tief gebeugt im Licht seiner Schreibtischlampe. Er bastelt kleine Lego-Teile zusammen. Ich küsse seinen blonden Kopf, aber er beachtet mich nicht weiter.

«Wie geht's?», frage ich.

«Gut», sagt er gelangweilt. «Wir hatten einen ganz angenehmen Tag und ein ausgiebiges Abendessen.»

Max redet wirklich so. Er schnappt jeden Schnipsel aus Erwachsenen-Gesprächen auf und verarbeitet sie in seiner Alltagssprache. Das klingt dann manchmal etwas geschwollen. Er ist kein Streber, mit seinen sechs Jahren kann er anders als viele seiner Altersgenossen noch nicht schreiben, lesen oder rechnen, aber er ist aufgeweckt, lernt Klavier und malt gerne Dinge aus Büchern ab.

«Was willst du mal beruflich machen?», habe ich ihn neulich gefragt.

«Ach, Mama, ich glaube, ich mache mal das, was du machst. Das mit dem Schreiben.»

Ich platzte natürlich vor Stolz.

«Weißt du, wo mein Liebster ist?», frage ich Max jetzt.

«Keine Ahnung, ich glaube, er wollte einkaufen.»

Ich seufze. Also muss ich warten. Ich kann mir gut vorstellen, dass er einkaufen gegangen ist. Er schenkt mir Blumen und Parfüm, er bringt aber auch immer Küchenrolle und grüne Plastiksäcke vom Rewe mit und sortiert sie in meinen Küchenschrank über der Dunstabzugshaube. Sollte ich jemals nachts aufwachen und Zweifel an seiner Liebe haben, bilde ich mir ein, müsste ich nur zum Küchenschrank gehen, die grünen Plastiktütenrollen zählen, und ich könnte beruhigt wieder schlafen.

Ich gehe ins Wohnzimmer, da sitzt meine Mutter und telefoniert mit meiner Schwester. Sie sagt, sie würde jetzt fahren. Sie ist seit heute Nachmittag da, aber jetzt müsse sie los, morgen arbeite sie.

Ich bin stolz auf sie, weil sie so unabhängig lebt. Auf der anderen Seite wünsche ich mir manchmal, sie wäre eine dieser strickenden, Kuchen backenden, alle umsorgenden Omas und Mütter. Dann fällt mir aber auf, dass ich keine Mutter wollen darf, die mehr antiquiertes Rollenbild ist, als ich es mir für meine Tochter und mich wünsche.

Also verabschiede ich meine viel beschäftigte Mutter, die in einer Kunstgalerie arbeitet. Courage für morgen. Für die Ausstellung.

Ich bringe sie noch zur Tür, auch um sicherzugehen, dass sie meinen Schal nicht aus Versehen wieder mitnimmt. Das Verschwinden und Wiederkommen von Dingen, die sich nicht selbständig bewegen können, weil ohne elektrischen Antrieb oder Ähnliches, ist einer der Sachverhalte, an die ich mich in meinem Single-Haushalt mit Kindern am meisten gewöhnen musste. Eltern, Babysitter, Bekannte begreifen dein Zuhause offenbar als großen kollektiven Besitz. Nach dem Motto: Ist eh alles Chaos, merkt ja keiner, oder: Ist doch so entspannt hier, bringe ich es halt irgendwann zurück.

Wie eine 16-Jährige aus Angst vor ihren Schwestern verstecke ich seitdem Handtaschen, Sonnenbrillen und Kleidungsstücke an geheimen Plätzen, die bestenfalls nicht entdeckt werden. Seit das Au-pair-Mädchen aus Mexiko da ist, ist die ganze Klamottensituation endgültig unübersichtlich geworden, alles ist überall verteilt wie in einem besetzten Haus. Zwar hat sie ein angemietetes Studentenzimmer ums Eck, was sie aber nicht davon abhält, abends bei mir in der Küche zu sitzen. Das WLAN sei hier deutlich besser als bei ihr an der Bezirksgrenze, in der Pampa von Pankow, sagt sie. Auch hier wieder meine Achilles-Ferse: Was will man gegen eine willensstarke Frau machen. Wenigstens bringt sie an diesem Abend die Kinder ins Bett, das heißt, ich kann noch einmal kurz duschen, bevor der Freund mit den Einkäufen heimkehrt.

Wenn ich heute auf mein erstes Jahr als Single-Mama zurückblicke, entsteht da ein unzusammenhängendes Bild: Ich renne viel, ich mache hektisch Ansagen – bei der Arbeit, vor den Babysittern, vor meiner Mutter. Ich esse viele Sandwiches aus Plastikverpackungen, Suppen aus Pappbechern und unmöglich viele dieser Proteinriegel aus dem Supermarkt. Ich koche wenig. Ich vergesse, mir Fahrscheine zu kaufen, muss wegen Schwarzfahren über 800 Euro zahlen und kassiere eine Strafanzeige. Ich lasse die Jacken der Kinder im Bus liegen und mache abends im Kinderzimmer oft Hörspiele an, anstatt aus «Grüffelo» vorzulesen.

Das war die Realität. Nach acht Stunden in der Redaktion war mir einfach ein Teil meiner Ruhe und Konzentration abhandengekommen – und ausgerechnet an meinen Kindern sparte ich Energie. Manchmal weinte ich aus heiterem Himmel, schimpfte mit den Kindern oder schlief an meinem freien Vormittag in der Woche fünf Stunden tief und fest auf der Couch. Ich hatte sogar meine Freizeit komplett optimiert. Ich ging nicht mehr zu dem Yoga-Studio, wo ich seit meiner Studentenzeit Mitglied war, sondern kündigte meine Dauerkarte und ging im Park joggen – nach dem Absetzen der Kinder in der Kita und vor dem Spätdienst, versteht sich. Ich übte Buchstaben malen mit meinem Sohn in den öffentlichen Verkehrsmitteln und flocht meiner Tochter an der Bushaltestelle ihren Zopf. Ich schmierte meine Brote ohne Butter nur mit Marmelade oder aß Nudeln kalt, weil ich so schneller wieder vor dem Bildschirm sitzen konnte. Ich ging zum Friseur um die Ecke, obwohl der mies war, bestellte jede Glühbirne, jedes Buch im Internet. Ich schämte mich, als ich die Weihnachtsgeschenke für Maxime und Lila nicht nur komplett bei Amazon Prime bestellte, sondern den Einpackservice gleich mit nutzte, aber es ging einfach nicht anders.

Was nichts mit der Arbeit und den Kindern zu tun hatte, durfte in diesem ersten Jahr als Single Mom weder Raum einnehmen noch gar kostbare Zeit verschwenden. Tagsüber sowieso nicht, abends ungerne. Denn sobald die Kinder im Bett waren, sank ich wie ein Stein in die Couch und brachte nur noch die Kraft auf, in mein Schlafzimmer zu laufen, um nicht direkt auf dem Sofa einzuschlafen.

Ich erinnere mich daran, dass ich vor lauter Arbeits- und Alltagsrotation mich selbst kaum noch wahrnahm. Ich rannte an Maxime und Lila vorbei, packte Rucksäcke für den Waldtag, den Turnbeutel für den Yogaraum, die Instrumente für den Musikunterricht. Wenn ich mich vor dem Spiegel schminkte, blickte ich durch mich hindurch und fand gar nichts. Weder dass ich gut noch dass ich schlecht aussah. Vielleicht ein bisschen müde. Auch Kopfschmerzen, Schnupfen oder eine verspannte Schulter bemerkte ich kaum. Die Verbindung zu meinem Körper war aus Zeitgründen komplett gekappt. Zum Arzt zu gehen hätte auch nur Umstände bereitet. Einmal tat ich es doch wegen eines eingeklemmten Nervs. Der Arzt schrieb danach einen langen Befund, er steckte ihn in einen Umschlag, den ich nie öffnete.

Erst lange Zeit später, als ich im Zuge meiner Steuererklärung Unterlagen abheften musste, entdeckte ich den Umschlag wieder und las den Befund: Frau Caroline Rosales leidet an akutem Burnout, war darin zu lesen. Ich war geschockt. Erst in dem Augenblick wurde mir bewusst, wie weit ich es, wie weit ich mich in dieser ersten Zeit als Alleinerziehende getrieben hatte.

Ich war besessen davon, keinen Fehler zu machen. Wir drei, Maxime, Lila und ich, mussten wie Spielfiguren in meinen Wochenplan passen. Keiner durfte krank werden, nicht gleich nach der Trennung – zu groß war meine Angst zu scheitern. Ich konnte und wollte mir nicht eingestehen, dass ich meinen Beruf in dieser Form auf Dauer nicht würde weiterführen können. Nur ein Drittel aller Journalistinnen haben Kinder – und ich wollte um jeden Preis dazugehören. Probleme mit der Vereinbarkeit? Nein, ich wollte um keinen Preis noch mehr Unglück erfahren.

Kurzum: Schon einmaliges Fehlen im Büro war für mich zunächst keine Option. Als Maxime einen entzündeten Wespenstich am Fuß hatte, nahm ich ihn einfach mit zur Arbeit und parkte ihn neben mir auf einem Schreibtischstuhl mit Kühlpack, hochgelegtem Bein und iPad. Meine Vorgesetzten und Kollegen grüßten ihn freundlich und sagten nichts weiter. Sie spendierten sogar Süßigkeiten aus den Schubladen ihrer Rollcontainer. Ich war erleichtert. Was für ein Glück. Aber mehr als einen Tag hätte ich so etwas niemals gewagt.

Als Lilas Fingerkuppe einmal blau angeschwollen war, rannte ich noch vor der Arbeit mit ihr auf dem Arm zum Kinderarzt, holte antibiotisches Gel aus der Apotheke und schaffte es dank Rekord-Sprint zurück zum Kindergarten, wo ich zwei Stunden vorher schon ihren Bruder abgesetzt hatte. Dann flog ich mit Überschallgeschwindigkeit zur Arbeit.

So lebt man immer auf dem Sprung. Immer in der Panik, ein Kind könnte krank sein. Und wenn es krank ist, dann ist es die Angst, ein Babysitter könnte um sieben Uhr morgens wegen Fieber oder Liebeskummer absagen. Und wenn das passiert – und das tut es –, schnellt der Puls kurz noch höher und kocht dann aus Pragmatismus wieder runter auf Telefoniertemperatur. Dann laufen die Mobilfunkleitungen heiß. Wer könnte einspringen und beide Kinder um 16 Uhr abholen? Nicht später, dann schließt der Kindergarten. Wenn einer der Ersatzbabysitter um zehn nach acht Uhr zurückruft, kann der Arbeitstag seinen gewohnten Lauf nehmen. Und die drei, vier neuen grauen Haare mehr reißt man sich einfach schnell vor dem Spiegel aus.

Meine und viele andere Kinder müssen sich in unserer heutigen Gesellschaft der Arbeitswelt der Erwachsenen anpassen. Wie es ihnen dabei geht, wenn am Krankenbett die Oma oder der Babysitter verweilt, weil Mama nicht mehr so viele Kinderkrankentage übrig hat, fragen sich die Lenker der freien Wirtschaft oder der Politik selten. Das ganze erste Jahr nach meinem beruflichen Wiedereinstieg habe ich nur einen Tag gefehlt, zu groß war die Angst, durch zu viele Fehltage als unzuverlässig oder nicht belastbar zu gelten und damit womöglich bei den spannenden Geschichten nicht mehr berücksichtigt zu werden.

Das alles war und ist überhaupt nur mit der eisernsten Disziplin zu bewerkstelligen, mit einem Wecker, der um sechs Uhr morgens klingelt, mit Dauererschöpfung. Und dann muss man sich trotzdem ständig von seinem inneren Kind fragen lassen, ob man eigentlich jemals so leben wollte. Alleinerziehende könnten ganz sicher problemlos große Logistikkonzerne führen.

Schon ein normaler Morgen ist ein Gerenne, Gezerre und Gerufe. Mit Kindergartenkindern sieht er typischerweise so aus: Um sechs Uhr klingelt der Wecker, um halb acht ist das Anzieh- und Frühstücksritual im Bestfall abgeschlossen. Ich versuche, meine Bluse nicht zu versauen, während ich die Tassen und Teller vom Frühstück ins Spülbecken stelle. Schnell putze ich danach insgesamt 40 kleine Zähne, packe zwei Butterbrotdosen, motze rum, weil die Jacken und die Regenhosen nicht aufzufinden sind, entdecke sie dann doch noch, rufe meinem Sohn zu, er solle jetzt seine Schuhe anziehen. Nichts passiert, einmal, zweimal, dreimal. Dann drohe ich, er kommt angeschlurft. Die Schwester heult, weil sie Puppe Annabell nicht findet. Hektisch renne ich durch die Wohnung, in der Hoffnung, ihren Schatz zu finden. In meiner guten Anzughose bücke ich mich unter Lilas Bett, um Annabell herauszuziehen. Ihr monströser Plastikkopf hatte sich zwischen Wand und Bettpfosten verkeilt.

Während ich im Kinderzimmer mit der Puppen-Rettungsaktion beschäftigt bin, schlägt Maxime aus ungeklärten Gründen seiner Schwester in den Bauch. Diese heult sofort los. Ist ganz Powerfrau und haut zurück. Ich renne aus dem Kinderzimmer und gehe dazwischen. Fünf Minuten später renne ich mit einem Kind an jeder Hand, zwei Rucksäcken, meiner Tasche, Annabell unter den Arm geklemmt zur Bushaltestelle. Muss kurz anhalten, weil Lila sich losgemacht hat, um eine Schnecke am Wegrand zu beobachten. Ich ermahne sie, sie solle sich beeilen, denn da kommt der Bus. Schon etwas verschwitzt steige ich mit den Kindern vorne in den Bus ein. Die beiden rennen ohne mich nach hinten durch. Ich rufe, sie sollen warten. Der Busfahrer schaut mich mit toten Augen an.

«Äh, einmal für 2,80 Euro bitte.»

Er nickt. Er hält mich für eine Verrückte, ganz bestimmt. Für eine gehetzte neurotische berufstätige Mutter, gut, das kommt hin. Resigniert nehme ich das Ticket und gehe zu meinen Kindern, die auf der Rückbank Platz genommen haben.

Die Stellung der berufstätigen alleinerziehenden Mutter ist in der Gesellschaft nicht besonders glamourös. Sich trotz der wiederkehrenden Überforderung auf die Menschenfreundlichkeit in meiner Umgebung zu verlassen wäre deshalb einfach fatal.

Lorne Malvo sagt in der Serie «Fargo» einmal zu Lester Nygaard: «Dein ganzes Leben dachtest du, es gibt Regeln. Aber die gelten nicht.» Nach zwei Jahren als Alleinerziehende habe ich genau das gelernt. Ich habe auch gelernt, alles zu überhören, was gedankenlos und verletzend ist. Ich lasse es nicht mehr an mich ran, nur die wenigen sehr persönlichen Kommentare tun nach wie vor weh. Das Gefühl, allem nicht gerecht werden zu können, schmerzt noch immer. Kommentare und Klugscheißereien von Miss Perfects, die gut gelaunt morgens in der Kita ankündigen, dass Anton schon mittags abgeholt wird, man wolle ja bei dem schönen Wetter noch ein Mutter-Kind-Picknick machen, heizen das schlechte Gewissen an, aber ich sage mir mittlerweile: Das ist der Lebensentwurf der anderen, das hier ist meiner.

Ute Frevert, Historikerin und Direktorin am Max-Planck-Institut für Bildungsforschung, sagt, das deutsche Mutterbild in den Köpfen vieler Menschen sei seit 100 Jahren dasselbe und an der Vereinbarkeitslüge werde sich zu unseren Lebzeiten wohl nichts mehr ändern. Aber unsere Töchter werden davon profitieren, deshalb gilt es konsequent zu sein.

Was für mich persönlich bedeutet hat, zu verstehen, dass ich im Organisationschaos zwischen Kids und Job klare Kante zeigen muss. Auch muss nicht mehr jeder alles über mich wissen. Meine rheinländische Offenheit ist nicht an jedem Ort der Welt angebracht. Und sobald man weniger auskunftsfreudig ist, reduziert sich unangebrachte Kritik automatisch. Das habe ich gelernt.

Was ich auch nicht mehr mache: mich ständig entschuldigen und rechtfertigen. Wenn ich los muss, sage ich tschüs und gehe. Wenn ein Kind krank ist, teile ich das dem Arbeitgeber mit. Warum sollte ich mich dafür entschuldigen? Es ist ja niemand schuld, außer den Viren und Bakterien.

Wenn ich das Kindergartenfest wegen der Arbeit absagen muss, dann setze ich die Erzieher darüber in Kenntnis.

Ich versuche mir in solchen Situationen vorzustellen, ich wäre Warren Buffett in seinen besten Karrierezeiten oder der Vorstand eines börsennotierten Unternehmens, der seine Sekretärin anruft und sagt: «Canceln Sie bitte heute alle meine Termine.» Das sagt er ganz emotionslos und trocken. Und natürlich entschuldigt er sich nicht.

Das Nicht-Entschuldigen ist der gute Freund des Nein. Was mich zu meinem nächsten Grundsatz bringt: Klare Ansagen machen.

Ich sage nein, wenn ich nach dem Dienst keinen Kuchen mehr für den Gemeinde-Basar backen möchte, nein, wenn mich die Verabredung mit meiner Freundin, ihren und meinen Kindern heute zu viel Kraft kostet.

Wenn der Sankt-Martins-Umzug vom Kindergarten stattfindet, sage ich bei der Arbeit, dass ich früher gehen muss. Und alle wünschen «Gutes Frieren». Das hätte ich anfangs nicht für möglich gehalten.

Als Alleinerziehende zwischen Arbeit und Kindern halbwegs entspannt zu sein bedeutet vor allem, last, but not least, jede Perfektion über Bord zu werfen. Die Perfektion ist als Multitasking-Superwoman sowieso nicht zu erreichen, also warum auch nicht gleich lassen. Gerade was meine Wohnung angeht, ist mir das anfangs sehr schwer gefallen. Wenn ich arbeiten muss, holt entweder die Babysitterin oder meine Mutter die Kinder vom Kindergarten ab. Anfangs hätte ich ausflippen können, wie nach dem Kochen, Essen, Spielen, Baden abends die Bude aussah. Ich hasse es, Tassen und Teller wegzuräumen, die nicht meine sind, noch mehr hasse ich es aber, wenn meine Sachen nicht an ihrem Platz zu finden oder verschwunden sind. Mein iPhone-Ladekabel – weg. Dachte wohl jemand, es ist seins. Mein weicher Cashmere-Schal. Hat sich wohl jemand geliehen, weil ihm kalt war.

Alles fließt und Gegenstände bekommen Flügel, das kommt durch die Fluktuation von Menschen in der Wohnung während meiner Abwesenheit. Auch hier hilft nur: Durchatmen. Daran denken, dass Perfektion nicht möglich ist. Auch die perfekte Kindergeburtstagseisbombe kommt ohne Streusel aus. Mein Büro-Outfit ohne gebügeltes Hemd. Das Vorschulkind ohne Hobby am Nachmittag. Der lustigste Nachmittag ohne Zusatzkäufe aus dem Supermarkt. Die schönste kleine Freude, ohne viel Geld auszugeben. Weil kleine und auch etwas größere Kinder kein hochwertiges Spielzeuggeschäft von einem China-Import-Laden unterscheiden können.

Einmal kamen die Kinder und ich kurz nach unserem Umzug nachmittags an einem offenen Ein-Euro-Shop vorbei. Ich war völlig pleite und witterte die Chance, den beiden eine Portemonnaie-verträgliche Freude zu machen.

«Okay, Kinder», sagte ich und ließ die Spannung steigen. «Jeder darf sich genau eine Sache aussuchen. Nur eine.»

Maxime und Lila überdrehten fast vor Aufregung. Sie stürmten in den Laden, auf die Regale zu.

«Ich nehme die Wäscheklammern, ähh, nein, die Schlange, nein, die Taschenlampe ...»

Eine Viertelstunde später stapften die beiden mit einem Plastikflamingo-Flaschenhalter für den theoretischen Pool im fiktiven Garten – Lila – und einem Matchbox-Auto – Max – zur Kasse. Eltern, sagt man ja, gerade die berufstätigen, kompensieren ihr schlechtes Gewissen über die nicht gemeinsam verbrachte Zeit mit teuren Geschenken. Mein schlechtes Gewissen – es kostete mich an diesem Nachmittag gerade mal schlappe zwei Euro.

Meinen Freund habe ich nach etwa einem Jahr als Single kennengelernt. Wir haben uns zum Abendessen in einem Restaurant verabredet. Er saß mit Blick auf die Eingangstür und stand sofort auf, als ich das Restaurant betrat – das hat mir gefallen. Es war so galant. Außerdem sah er gut aus, trug ein gebügeltes Hemd. Er hat blaue Augen, obwohl seine Haare dunkelbraun sind. Für mich war alles sofort klar. Was er in diesem Moment dachte, ist nicht lupenrein überliefert, was soll der arme Mann auch heute anderes sagen, als dass es ihm genauso ging.

Ich darf mich außerordentlich glücklich schätzen, dass wir seitdem ein Paar sind – da sind sich meine Freundinnen und meine Familie völlig einig. Ich sage dann immer, DASS ER SICH ABER AUCH extrem glücklich schätzen kann, doch das lässt niemand so stehen.

Kowalski sagt, ich sei ein Spezialfall, ein bisschen crazy – was auch immer er damit meint.

Juli und Maria sagen, ich sei *high-maintenance* und solle ihn einfach in Ruhe lassen mit meinen Ansprüchen – aber da weiß ich auch nicht, was sie meinen.

Meine Mutter sagt, ich hätte nur noch die eine Chance und solle es nicht vermasseln.

Ich finde das wahnsinnig unfair, weil ich nicht einsehe, dass er die Trophäe und ich nur der Kompromiss sein soll.

Ich rege mich dann auf, weil es im Gesellschaftskontext immer den Mann aufwertet, wenn ER sich eine Frau mit Kindern aussucht. Sie hat im Gegenzug immer nur wahnsinnig Glück gehabt, dass ER sich gerade SIE ausgesucht hat. Während ich mich über so etwas wahnsinnig exaltieren kann, ist mein Freund die Ruhe selbst, küsst mich und ich bekomme Schmetterlinge im Bauch. Mit ihm musste ich nie etwas werden, wir mussten nie etwas sein, es war perfekt, schon seit dem ersten Abend.

Doch auch Liebe ohne Zweifel, selbstverständliche, zwingende, innige Liebe ist eine Herausforderung. Für die Rollenbilder in meinem Kopf, für das Ideal der glücklichen Familie, des verheirateten Paares, das mit seinen Kindern in einem Eigenheim zur Ruhe kommt. Als Single Mom musste ich lernen, alle diese klassischen Bilder von Erfolg, Zufriedenheit und Harmonie abzuwerfen. Ich musste lernen, mein eigenes Leben nicht ständig in Frage zu stellen und vor anderen zu rechtfertigen. Ich musste es schaffen, diese Wand von gesellschaftlichen Konventionen zu durchbrechen, um mich endlich zu trauen, glücklich zu sein.

Denn mein Freund und ich, wir werden wohl nicht zusammenziehen, wir werden nicht heiraten, keine Kinder bekommen und nicht für das Haus im Grünen sparen. Wir werden trotzdem zusammen sein, Ferienhäuser mieten, mit den Kindern im Pool planschen, Ausflüge machen, ins Theater gehen, die Sterne über der Wüste Gobi betrachten und mehr und mehr zusammenwachsen. Vor allem werden wir uns beide ansehen, und ich werde jeden Tag genießen, an dem er mich sieht, wie ich mich sehe, und genießen, dass er nie jemand anderen angesehen hat, wie er mich ansieht.

Ich werde nicht versuchen, ihn zu ändern, ihm keinen meiner Wunschträume, Neurosen und Dämonen aufzwingen (zumindest gebe ich mir Mühe, das nicht zu tun) und hoffen, dass er mit mir wächst, seiner Geliebten, seiner Freundin, seiner Komplizin, und mit mir zusammen alt wird.

Liebe ist selbstlos und ohne Erwartungen. Wir verbauen sie

uns so oft, weil wir denken, wir müssten sie schöner, vorzeigbarer und makelloser machen. Dabei verlieren und betrügen wir vor allem uns selbst.

Mein Freund – ich möchte, dass er wie meine Kinder, meine Mutter, wie Mahatma Gandhi unendlich frei ist. Dass wir nebeneinanderstehen, Hand in Hand, und doch eigene Menschen bleiben.

Und als ein solch eigener Mensch möchte ich leben. Weil die Liebe wunderschön ist, alles verbindet, aber es um sie nicht geht.

Das hier soll kein klassisches Happy End sein. Kein SIE-HAT-AM-ENDE-DEN-MANN-IHRES-LEBENS-GEFUNDEN. Kein *Feel-Good-Movie* des Jahres. Ich würde sofort sterben, würde ich an dieser Stelle den neuen Mann als Lösung anpreisen. Denn die Wahrheit ist, dass das Glück, mein Glück, schon vor ihm kam. Die Suche nach mir selbst endete, als ich eine Single Mom wurde. Das konnten mir die unbezahlten Rechnungen, das Finanzamt, die ständigen Vergleiche, der manchmal unaushaltbare Druck, eine gute Mutter zu sein, nicht stehlen. Die täglichen Sorgen konnten mir das Gefühl nicht nehmen, dass ich bis heute Teil einer kompletten Familie bin, sie konnten mir niemals den Stolz rauben, dass ich alles alleine geschafft und dabei meine Fröhlichkeit nicht verloren habe. Dass ich mich heute traue, glücklich zu sein.

Als mein Freund an diesem Abend zur Tür hereinkommt, schlafen die Kinder längst. Er hat noch einen längeren Termin gehabt, das hatte ich vergessen. Ich renne im Flur auf ihn zu, umarme ihn sofort, küsse sein Gesicht. Er gibt mir einen langen Kuss, zieht seine Jacke aus, hängt sie korrekt am Garderobenhaken auf.

«Was willst du machen?», fragt er mich leise im Halbdunkeln des Flurs.

Ich lächle ihn glücklich an und muss aufpassen, dass mir aus Melancholie nicht die Augen feucht werden.

«Nichts.»

Danksagung

Zuerst möchte ich meiner Lektorin Johanna Langmaack danken, die mit mir die Idee für «Single Mom» entwickelt und mich ein Jahr begleitet hat. Danke, Johanna, für die großen Erzähllinien und die kleinen Geschichten.

Ebenso möchte ich Ihnen, Jörg Quoos, meinem Chefredakteur, danken, für den Raum, die Chancen und die Gewissheit, dass Ihre Tür für Ihre Redakteure immer offen steht. Danke an meine Ressortleiterin Petra Koruhn, für die natürliche gute Laune und die nötige Kritik, Petra, vielen Dank.

Benjamin, für uns.

Maxime, Cleo, Aram – für die Exile und die Königreiche, ich liebe euch über alles.
Michael für die Elternschaft, den Zynismus und das Teamwork.
Diana, Anna, Stefanie, Katja, Theresa, Bärbel, Jana, Nayeli, Michaela – ohne euch keine Inspiration, kein Buch und keine glückliche Single Mom.

MIX
Papier aus verantwortungsvollen Quellen
FSC® C083411

Das für dieses Buch verwendete Papier ist FSC®-zertifiziert.